Max Schiemann

Elektrische Fernschnellbahnen der Zukunft

Populäre Volkswirtschaftliche Eisenbahnskizze

Max Schiemann

Elektrische Fernschnellbahnen der Zukunft
Populäre Volkswirtschaftliche Eisenbahnskizze

ISBN/EAN: 9783743375888

Hergestellt in Europa, USA, Kanada, Australien, Japan

Cover: Foto ©ninafisch / pixelio.de

Manufactured and distributed by brebook publishing software (www.brebook.com)

Max Schiemann

Elektrische Fernschnellbahnen der Zukunft

Elektrische Fernschnellbahnen
der Zukunft.

Populäre volkswirtschaftliche Eisenbahnskizze

von

Max Schiemann,
Civil-Ingenieur für elektrische Bahnen.

Mit 6 Holzschnitten und 1 lithographischen Tafel.

Leipzig,
Verlag von Oskar Leiner
1897.

Inhalt.

Seite

1. Das heutige System:
    a) Dampfbetrieb (lange Züge, geringe Zugfolge) 8
    b) Umständliches Reise- und Transportverfahren 8

2. Das Übergangssystem zum elektrischen Betriebe:
    a) Personenverkehr 21
    b) Güterverkehr 43

3. Der rein elektrische Betrieb:
    a) Der allgemeine Verkehr und Transport 45
    b) Fahrkarten 47
    c) Ausstattung der Züge 49
    d) Reisegepäck 51
    e) Reiseauskünfte 52
    f) Betriebsleitung u. Überwachung sowie Sicherheitsvorrichtungen 52
    g) Schlussbemerkungen 54

Einleitung.

Das vorliegende Schriftchen kann durch keine bessere Vorrede eingeführt werden als durch die treffenden Worte, welche Herr Ingenieur Jul. H. West in einem Vortrage über die gegenwärtige Entwickelung des Fernsprechwesens gewählt hat, um darzuthun, dass alle Verkehrsmittel den Grad der Vollkommenheit besitzen müssen, welcher der Entwickelung der Nation entspricht.

»Das ganze auf der Erde sich abspielende organische Leben, sowohl das der Pflanzen als das der Tiere, beruht in erster Linie auf der Bewegung der Materie, auf der Ortsveränderung der zur Befriedigung des organischen Lebens notwendigen Stoffe, und überall sehen wir das organische Leben sich um so lebhafter entwickeln und um so besser gedeihen, je schneller, leichter und regelmässiger die Bewegung der Materie vor sich geht. — In gleicher Weise wie das organische Leben beruht das geistige Leben der intellektuellen Lebewesen in erster Linie auf der Bewegung und Fortpflanzung geistiger Mitteilungen von Individuum zu Individuum, auf dem Austausche geistiger Mitteilungen von Person zu Person, und je lebhafter dieser Austausch stattfindet, je schneller, leichter und regelmässiger er von statten geht, um so mehr sehen wir das geistige Leben sich entwickeln und gedeihen.

Übertragen wir dies auf das kulturelle Leben der Nationen, so kommen wir sofort zu der Erkenntnis, dass, je leichter und besser die Beförderung der Materie von Ort zu Ort sich vollzieht und je schneller und leichter die Übermittelung von geistigen Mitteilungen von Person zu Person vor sich geht, um so entwickelter das kulturelle Leben ist; es bedeutet dies einfach, dass die Schnelligkeit, Leichtigkeit und Regelmässigkeit des Verkehres geradezu als Gradmesser für das kulturelle Leben dienen kann, oder mit anderen Worten: Es steht diejenige Nation kulturell am höchsten, welche über die besten Verkehrsmittel verfügt und sie in ausgedehntester Weise ausnutzt.

Deshalb ist es eine der vornehmsten Aufgaben einer jeden Staatsverwaltung, für die Entwickelung der Verkehrsmittel die weitgehendste Sorge zu tragen und um die Schaffung möglichst schneller, billiger und zuverlässiger Verkehrsmittel bemüht zu sein.

Wir leben in einem Zeitalter, wo die Anschauung, dass das Verkehrswesen eine der allerwichtigsten Grundlagen unseres ganzen sozialen Lebens ist, mehr und mehr Geltung erlangt — in einem der interessantesten bisherigen Lebensabschnitte des Menschengeschlechtes, welchen kommende Generationen das goldene Zeitalter der Industrie und des Verkehrs nennen dürften. Täglich sehen wir neue Erfindungen auftauchen, neue Verkehrswege und neue Heimstätten der Industrie entstehen, und alle verfolgen sie das eine gemeinschaftliche Ziel: die Bedürfnisse des täglichen Lebens in besserer und billigerer Weise zu befriedigen.

Aber mit den in rascher Entwickelung immer besser und leichter werdenden Verkehrsmitteln ändern sich die Verhältnisse des Wettbewerbes auf dem Gebiete des Handels und der Industrie; schon jetzt haben wir bei der Befriedigung sehr vieler Bedürfnisse des Weltmarktes nicht mehr mit der Konkurrenz einzelner Firmen zu thun, sondern mit der Konkurrenz der Nationen unter einander. Aus diesem Grunde müssen wir, wenn wir, weit ausschauend Rücksicht nehmen auf das Wohlergehen der kommenden Geschlechter, mit allen uns zu Gebote stehenden Mitteln danach streben, die Lebensverhältnisse im Inneren des Landes — in jeder einzelnen Stadt des Landes — möglichst billig zu gestalten, alles aufbieten, damit das Volk seine Bedürfnisse billig und leicht befriedigen kann; denn dadurch machen wir die Nation konkurrenzfähig auf dem Weltmarkt und sichern ihr für jetzt und spätere Zeiten lohnende und nützliche Arbeit.

Eins der ersten Mittel zur Erreichung dieses Zieles ist, wie schon gesagt, möglichst gute Verkehrsmittel zu schaffen, so dass man die Bedürfnisse des Lebens von dort beschaffen kann, wo sie am billigsten erzeugt werden, ohne dass sie — wie es schlechte und erschwerende Verkehrseinrichtungen stets bedingen — durch viele Hände gehen müssen, wodurch ihr Preis unverhältnismässig erhöht wird, ehe sie den Weg vom Produzenten zum Konsumenten zurückgelegt haben. Und weiter müssen wir dafür sorgen, dass die Industrie dort ihre Heimstätten aufschlagen kann, wo sie die günstigsten und billigsten Bedingungen für die Entfaltung ihrer Thätigkeit vorfindet, ohne die Aussichten auf einen leichten Absatz einzubüssen.

Das Verkehrswesen, welches diesen Zwecken dient, zerfällt in zwei Klassen, welche ich das materielle und das geistige Verkehrswesen nennen möchte. Die Aufgabe des materiellen Verkehrswesens ist die Beförderung der Materie von der Erzeugungsstelle nach der Verbrauchsstelle, während die Aufgabe des geistigen Verkehrswesens darin besteht, den materiellen Verkehr zu regeln und in die Wege zu leiten, sowie ferner in der Übermittelung aller auf den idealen Interessen der Menschen beruhenden geistigen Mitteilungen von Ort zu Ort.«

Das materielle Verkehrswesen, die Eisenbahnen, zu behandeln, ist der rote Faden, der sich durch die vielleicht stellenweise phantastisch scheinende Darstellung zieht. Möchte er dem Laien zur Erkenntnis, dem Fachmanne zum Nachdenken und der Allgemeinheit zur Anregung dienen.

Dresden, Februar 1897.

Der Verfasser.

I.
Das heutige System.

Dampfbetrieb. Lange Züge und geringe Zugfolge. Umständliches Reise- und Transportverfahren.

Das Kaiserliche Wort: »Die Welt am Ende des 19. Jahrhunderts steht unter dem Zeichen des Verkehrs« wird sich für das kommende Jahrhundert dahin erneuern, dass es heisst: »Die Welt des 20. Jahrhunderts steht unter dem Zeichen des elektrischen Verkehrs«.

Die Fortschritte, welche das elektrische Strassenbahnwesen in technischer und wirtschaftlicher Beziehung bis auf den heutigen Tag gemacht hat, haben schon vielen Eisenbahntechnikern die Anregung zum Nachdenken darüber gegeben, ob es nicht für die heute mit Dampf betriebenen Fern- und Schnellbahnen von wesentlichem Vorteil sein würde, auch hier den elektrischen Betrieb mit direkter Zuleitung wirtschaftlich einzurichten. Hier muss auf das z. Z. schwebende Projekt der weiter unten beschriebenen Wannseebahn hingewiesen werden. So lange die heutigen Verkehrsverhältnisse noch bestehen, genügt natürlich der Dampfbetrieb, und wir können uns nicht verhehlen, dass die Dampflokomotiven bei der heutigen Beanspruchung mit langen Zügen in langen Verkehrsintervallen die denkbar günstigste Ausnützung der zur Verfügung gestellten Betriebskraft darstellen, müssen aber andererseits eingestehen, dass diese Bedingungen dem reisenden Publikum und den zu befördernden Gütern bald nicht mehr genügen werden. Wenn in vielleicht zehn Jahren andere Bedürfnisse an uns herangetreten sein werden, dann wird es unmöglich sein, mit Dampf annähernd das zu leisten, was wir vom elektrischen Betriebe erhoffen dürfen. Es sind also, wie gesagt, zunächst die Bedürfnisse für die Umgestaltung des Eisenbahnwesens massgebend, und wenn wir uns an dieser Stelle mit dem Gedanken vertraut machen, als wären wir schon in den veränderten Verkehrsverhältnissen und Verkehrsbedürfnissen, so erleichtert sich für uns die Betrachtung, welche in dem Nachfolgenden in grossen Umrissen behandelt werden soll.

Bevor wir uns jedoch den Träumen der Zukunft überlassen, sei es gestattet, eine Thatsache der Gegenwart ans Licht zu ziehen, welche so recht im vorahnenden Sinne dieses Büchleins klingt. In den eisenbahntechnischen Zeitschriften finden wir folgende Notiz: »Im Frühjahr 1897 wird ein für die gesamte elektrotechnische Industrie wichtiges Projekt seiner Verwirklichung entgegensehen. Es ist nämlich von der preussischen Staatsbahnverwaltung beschlossen worden, auf der Wannseebahn (Berlin-Potsdam) den elektrischen Betrieb einzuführen. Dass die Regierung die Absicht habe, eine grössere Strecke der preussischen Staatsbahnen für den elektrischen Betrieb einzurichten, davon war schon Anfang letzten Jahres die Rede, der bestimmte Beschluss wurde jedoch erst vor kurzem gefasst. Dass es dazu gekommen ist und dass man eine so stark frequentierte und wichtige Strecke wie die Wannseebahn gewählt hat, ist im Interesse der Bedeutung des elektrischen Betriebes nur erfreulich. Es ist gewiss richtig, dass mit Rücksicht auf die grosse Verantwortlichkeit der Eisenbahnen für Leben, körperliche Sicherheit und Eigentum bei der Ausprobung neuer Konstruktionen und den Versuchen mit neuen Einrichtungen alle Vorsicht am Platze ist. Andererseits darf man nicht verkennen, dass die Versuche auf entlegenen Nebenlinien mit schwachem Verkehre oft kaum mehr Wert haben als die Experimente in der Werkstätte oder im Fabrikhofe und dass nur diejenigen Apparate und Methoden als vertrauenswürdig gelten können, welche sich auf Vollbahnen ersten Ranges im ernsten Betriebe bewährt haben. Besteht der elektrische Betrieb auf der Linie Berlin-Potsdam die Probe, dann ist seine Zweckmässigkeit auch für alle Hauptbahnen im allgemeinen ausser Frage gestellt, und für den Vergleich mit dem Dampfbetrieb brauchen nur noch die Ziffern der Betriebskosten als Basis zu dienen.

Bis jetzt ist über die näheren Details nur so viel bekannt, dass es sich um die Umwandlung der genannten Linie in eine elektrische Bahn im eigentlichen Sinne des Wortes handelt, also zu einer solchen, wo der elektrische Strom an einer Centralstelle mit einer primären maschinellen Anlage erzeugt, mittels Leitungen an der Strecke fortgeleitet wird, von diesen Leitungen zur sekundären Dynamomaschine, dem Wagenmotor, geführt und in dieser in motorische Kraft umgesetzt wird. Über die Ausführung aller zur Umgestaltung der Wannseebahn in eine elektrisch zu betreibende Vollbahn erforderlichen Arbeiten ist mit der Firma Siemens & Halske verhandelt worden. Die gesamten Einrichtungen werden übrigens in der Weise ausgeführt, dass neben dem elektrischen Betriebe die Aufrechterhaltung des bisherigen gewöhnlichen Lokomotivbetriebes zuverlässig gewährleistet erscheint, was ja leicht zu erreichen ist.

Es besteht kein Zweifel, dass, wenn der Versuch mit dem elektrischen Betriebe Berlin-Potsdam zufriedenstellend ausfällt, diese Betriebsart nicht nur für den Fernverkehr eine weitere Ausdehnung erfahren wird, sondern dass dann auch selbstverständlich der elektrische Betrieb auf jenen Linien eingeführt werden dürfte, für welche er als der geeignetste wohl heute schon anzusehen ist: für die Linien des Stadtbahnnetzes.

Es ist begreiflich, dass man der Eröffnung des elektrischen Betriebes auf der Wannseebahn allgemein mit dem grössten Interesse entgegensieht. Die Tendenz zur Erreichung einer grösseren Zugsgeschwindigkeit wird eher stärker werden als abnehmen. Bis jetzt ist diesem Bestreben durch stete Vermehrung der Maschinengewichte und dadurch wieder bedingtes Wachsen der Schienenprofile entsprochen worden. Es wird sich aber in nicht allzu ferner Zeit die wirtschaftliche Grenze ergeben, an der sich die wachsenden Auslagen für die Anschaffung der Lokomotiven und den Bau und die Erhaltung des Oberbaues und der Brücken mit jenen Kosten begegnen werden, welche die Adaptierung einer bestehenden Linie für den elektrischen Betrieb verursacht.

Den Sicherheitsrücksichten kann man bei elektrischem Betriebe mindestens ebenso zuverlässig Rechnung tragen als bei dem gewöhnlichen Lokomotivbetriebe. Die vielseitige Verwendbarkeit des elektrischen Stromes hat ihm speziell auf dem Gebiete der Sicherungsanlagen schon den ersten Platz zugewiesen, denn mit seiner Hülfe ist es möglich, bei den verschiedenartigsten Sicherungseinrichtungen alle nötigen Funktionen auf die einfachste Weise zu erzielen, während sie sonst auf mechanischem Wege allein auch mit den kompliziertesten Vorrichtungen nicht unbedingt garantiert waren.«

Ein Rückblick auf unser heutiges Reise- und Transport-System führt uns zunächst zur Erkenntnis, dass wir bald an der Grenze der Leistungsfähigkeit unserer Betriebsmittel angelangt sein werden, dass sowohl der betriebstechnische als auch der verkehrstechnische Standpunkt der Jetztzeit bald als ein überwundener zu betrachten sein wird. Denken wir uns zunächst einmal in die Gepflogenheiten eines Reisenden versetzt. Hat sich derselbe heutzutage entschlossen, eine grössere Reise zu unternehmen, so geht diesem Entschlusse ein längeres Studium von Kursbüchern, Zeiteinteilungen und billigsten Fahrgelegenheiten voran. Hat man sich durch den Wust der Fahrpläne auf den Hauptstrecken und an den Anschlussstrecken hindurchgewunden, so könnte man eigentlich mit seiner Zeiteinteilung fertig sein und sich lediglich dem Studium der billigsten Fahrgelegenheit widmen, aber auch da stellt sich dem Reisenden eine ungeordnete Auslese von Fahrkarten entgegen; es giebt, wie wir wissen, zunächst einfache Personenzugsfahrkarten, ferner einfache Schnellzugsfahrkarten, Personen- und Schnellzugs-Rückfahrkarten und solche von 3, 4, 5 u. s. w. Tagen Gültigkeit; es giebt weiter Sommerkarten, Badereisekarten, Rundreisekarten, Extrazugsfahrkarten, Tagesfahrkarten, Zuschlagbillets, Zeitkarten für Monate, Karten für grosse feststehende Rundreisen, Massenbeförderung-Ermässigung, Gesellschafts-Fahrten, Militärkarten, Kinderbillets, Platzkarten für geringe und grosse Entfernungen, Hundebillets und wie sie sonst noch alle heissen mögen. Der geehrte Leser dürfte bei einigem Nachdenken noch manche schöne Fahrkartenbezeichnung und -Sorte herausfinden, die einem Fahrkartensammler ein buntscheckiges Album füllen helfen würden. Wahrlich, ein ganzes Heer der verschiedenartigsten Möglichkeiten, teuer oder billig, geschickt oder ungeschickt, kurz oder lang, verwirrt oder klar, die Quittung über hinterlegtes Fahrgeld zu besitzen. Ist man das Reisen schon einigermassen gewohnt, dann mag dieses Studium immerhin leicht sein, um seinen Beruf durch allzu grosse Zeitaufwendung nicht zu schmälern. Wehe dem aber, der nicht immer auf Reisen ist oder das Reisen zum Beruf hat; Zeit, Geld und Lust verliert er wahrlich im Voraus. Kommt nun noch hinzu, dass der Reisende während seiner Reise aus irgend welchen beruflichen oder persönlichen Gründen den Reiseweg ändert oder ändern will, so ist dies wieder mit neuen Umständen und Geldopfern verbunden. Um ein Beispiel hierfür herauszugreifen, möge daran erinnert werden, dass z. B. eine auf drei Tage ausgestellte Rückfahrkarte erst »reklamiert« werden muss, falls, da der betreffende Aufenthalt sich um einen halben oder ganzen Tag verlängerte, diese Karte für die Rückfahrt nicht benutzt werden konnte. Abgesehen davon, dass Rückfahrkarten nach den heutigen bei uns in Deutschland wenigstens herrschenden Zuständen ein längst überwundener Standpunkt sein müssten. Konkurrenz zwischen den vielleicht nach demselben Orte führenden Bahnen zu Gunsten des einen Unternehmers kann nicht eintreten, weil sämtliche Bahnen, die hierfür in Betracht kommen, Eigentum des Staates sind und nur allein von diesem betrieben werden. Früher, als solche Bahnen sich in Privathänden befanden, war es sehr wohl berechtigt, dass der eine Unternehmer den Reisenden, den er hinbeförderte, möglichst auch auf seiner Strecke zurückbefördern wollte, wodurch die Ermässigung oder Rabatt von 50% für die Rückfahrt eingeführt wurde.

Es ist nachgewiesen, dass an einer Berliner Fahrkartenausgabe 10000 verschiedene Fahrkarten verausgabt werden; multipliziert man diese Zahl der verschiedenen Fahrkarten mit der Anzahl der grossen Städte, der Dörfer und Haltestellen, so kommt ein ansehnliches Heer von verschiedenen Fahrkarten zusammen, zu dessen richtiger Verwaltung ein Lebensstudium gehört. In der That müssen die Schalterbeamten gebildete Leute sein, um schnell und sicher Bescheid geben zu können und dem weniger geübten Reisenden mit Rat und That zur Seite zu stehen. Es ist nun nicht möglich, alle die Fahrkarten, mit denen man sich zu einer schnellen und billigen Reise versehen muss, sofort am Schalter zu erhalten, sondern man muss z. B. die zusammenstellbaren Rundreisehefte immer erst acht Stunden vor Gebrauch bestellen, da es selbst dem geübtesten Schalterbeamten unmöglich ist, den Wünschen des Reisenden sofort zu entsprechen. Gerade dieser Fall mit den kombinierten Rundreisekarten lehrt uns so recht, wie die Eisenbahn-Verwaltungen versucht haben, den Schwierigkeiten zu begegnen, welche das heutige komplizierte Fahrkarten-System mit sich bringt, und es stellt gewissermassen eine Entschuldigung dafür dar, dass es unter den jetzigen Verhältnissen nicht möglich sein soll, ein etwas einfacheres, sowohl den Wünschen des Publikums als auch den Interessen der Bahnverwaltung entsprechendes System einzuführen. Dieses verkehrstechnische Problem könnte ohne Änderungen der betriebstechnischen Verhältnisse erfolgen, wie es uns Österreich-Ungarn gelehrt hat; es muss jedoch erfolgen, wenn auch vom betriebstechnischen Standpunkte aus durchgreifende Änderungen an unserem heutigen Bahnsystem vorgenommen werden. Die Bestrebungen, welche z. B. der Eisenbahn-Fahrkarten-Reformator Eduard Engel in seiner Broschüre »Der Zonentarif« (Verlag Hermann Costenoble-Jena) dem grossen Publikum in Wort und Schrift vorgetragen hat, sind für diesen Fall neben den hier gemachten kurzen Darlegungen sehr beachtenswert und obgleich noch in manchen Punkten abänderungsfähig, so doch grundsätzlich annehmbar.

Ist der Reisende über das Hindernis der Fahrpläne und Fahrkarten hinweggekommen, so hat sich seine nächste Sorge damit zu befassen, die angesetzten Abfahrtzeiten der Züge ängstlich inne zu halten. Dem Geschäftsmann, dem jede Stunde wertvolle Zeit ist, ist es jedoch nicht immer möglich, sich nach den Wünschen der Eisenbahn zu richten. Das Verpassen eines einzigen Zuges, der nach einer bestimmten Richtung geht, kann den ganzen Reiseweg um 24 Stunden verschieben, sofern es sich um Anschluss nach weiteren Strecken handelt. Die geringe tägliche Zugzahl ermöglicht es nicht, täglich mehrmals Anschluss nach entfernteren Orten zu erreichen. Der Wunsch, recht oft einen Zug zur Verfügung zu haben, der den Reisenden an sein Ziel bringt, wird sich sicherlich zur Notwendigkeit entwickeln, kann aber wirtschaftlich mit dem heutigen Dampf-Lokomotiven-System nicht durchgeführt werden. Dieser Umstand ebnet dem elektrischen Betriebe die Wege.

Eine Begründung für die Änderung der Betriebsmittel an und für sich ist dadurch gegeben, dass es möglich sein muss, jedem Reisenden auf den ersten Blick erkennen zu lassen, wo Platz für ihn vorhanden ist. Betrachten wir zu diesem Zwecke auch einmal das Gebahren des Publikums vor Abgang eines Zuges, wie Jeder stürmt und hastet, um einen Platz zu erhalten, wo so und so viele Thüren geöffnet und wieder geschlossen werden, um sich einen Platz zu erobern. Entweder sind die Wagenabteilungen zu voll, oder man gelangt in eine falsche Wagenklasse, von denen wir ja noch immer vier zur Verfügung haben, obgleich mit zwei Klassen allen Bedürfnissen Rechnung getragen sein würde, oder der beabsichtigte Platz war im »Rauchcoupé«, wenn der Betreffende Nichtraucher, oder er war in der Frauenabteilung, wenn der Reisende ein Herr ist, oder in dem den übrigen Abteilungen ähnlichen Dienstraum. Der Preisunterschied der Wagenklasse findet seine Begründung eigentlich nur noch in den höheren Fahrtarifen; wären die Fahrpreise billiger, als sie thatsächlich sind, und könnte man sich dazu entschliessen, die 4. Klasse abzuschaffen, wie es z. B. in Sachsen an Sonntagen der Fall ist, während an Wochentagen das Bedürfnis daselbst vorhanden sein soll — d. h. mit anderen Worten, dass man Sonntags das reiselustige Publikum in die 4. Wagenklasse für den Preis der 3. Wagenklasse steckt —, und könnte man sich auch entschliessen, die 1. Klasse fortzulassen, da ja doch nur 5% der dieselbe Benützenden zahlende Fahrgäste sind, so würde man selbst beim heutigen System mit den zwei Klassen, welche ähnlich der 2. und 3. Klasse auszustatten sein werden, auskommen. Es bliebe dann immer noch denjenigen, welche die 5% der zahlenden 1. Klasse-Fahrer ausmachen, Gelegenheit übrig, durch alleinige Mietung eines billigeren »Coupés« 2. Klasse weniger gedrängt zu fahren. Thatsächlich bedeuten die heutigen Vorteile der 1. Klasse nur diese Bequemlichkeit. Es würde durch das Zweiklassen-System die Ausnützung der Züge bezw. der Wagen eine bedeutend günstigere sein, was durch die von Engel gegebenen Statistiken über Benutzung der einzelnen Wagenklassen recht deutlich veranschaulicht wird. Aus der grösseren Ausnutzung folgt, dass der Fahrgast bei gleichen Unkosten billiger befördert werden kann.

Es erübrigt an dieser Stelle darauf hinzuweisen, dass alle diejenigen Strassenbahnen, die mit der Herabsetzung des Fahrgeldes auf 10 ₰ für jede beliebig lange Fahrt, selbst noch für einen Umsteigeverkehr begannen, durchaus keine schlechten Geschäfte gemacht haben. Die Einnahmen sind dermassen gestiegen, dass die Verwaltungen von diesen über Erwarten günstigen Ergebnissen selbst überrascht sind. Es hat sich dabei von neuem die alte Behauptung bewahrheitet, dass eine oftmalige und billige Fahrgelegenheit nicht nur den Verkehr hebt, sondern auch die Einnahmen steigert. Das Verkehrsbedürfnis des Publikums wird bei billigem Tarif sofort ein grösseres, und was im Kleinen von den Strassenbahnen gilt, muss auch im Grossen von den Fernbahnen gelten. Dass Verbilligung der Fahrtarife mit der Umwandlung der Betriebsart in elektrischen Betrieb zusammenfällt, ist vielleicht nur Zufall; vielleicht aber hat auch der billigere, für den Massenverkehr geeignetere elektrische Betrieb den Hauptanstoss zur Befriedigung des längst gefühlten Bedürfnisses gegeben.

In unserer heutigen nervenerschütternden Zeit wird es auch wünschenswert, alle diejenigen Geräusche zu vermeiden, welche das jetzige Bahnsystem noch mit sich bringt; es möge hierbei erinnert werden an das Getöse eines abfahrenden Zuges, welches durch den Wegfall der bisher üblichen Stationsglocken schon etwas vermindert worden ist und deutlich zeigt, dass die Bestrebungen auf Vermeidung alles unnötigen Lärmes schon lange ein Bedürfnis waren. Wie man sich daran gewöhnen konnte, die Stationsglocken zum Abruf oder zum Einsteigen zu vermissen, wird man sich in Zukunft auch damit befreunden können, das Pfeifen des Zugführers, das ohrenzerreissende Getöse der Dampflokomotivpfeife, das Dampfabblasen der Dampfcylinder u. s. w. zu entbehren. Der amtliche Lärm bei Abgang eines Zuges ist nicht mehr zeitgemäss und wird es noch viel weniger sein, wenn man den Reisenden die Gelegenheit giebt, sich mehr dem eigentlichen Verkehr zu widmen, und wenn man seine Aufmerksamkeit von selbst auf dasjenige lenkt, was heute mit Pfeifen und Klingeln erreicht werden soll.

Findet ein Geleite unserer Familienangehörigen zum Bahnhofe statt, so entspricht dies ebenfalls den Eisenbahn-Gepflogenheiten vollständig, denn man ruft dem reisenden Freunde und Familienmitgliede, so lange der Zug noch sichtbar ist, eine glückliche Reise und gesundes Wiedersehen nach, weil es eben heute nicht mehr ganz ungefährlich ist, zu reisen, und noch viel mehr, zu bestimmter Zeit wieder zurück zu sein. Wenn wir ganz davon absehen, dass die Unglücksfälle auf Eisenbahnen, wenn auch nicht häufiger, so doch schrecklicher werden, so kann man sich des Gefühles nicht erwehren, dass bei steigendem Verkehrsbedürfnis und grösserer Geschwindigkeit die Unfälle sich mehren könnten. Es ist daher an der Zeit, sich mit den zeitgemässeren Bahnanlagen und Betriebsmitteln vertraut zu machen, von denen wir zunächst hoffen müssen, dass sie einen grossen Teil der Unfälle ganz vermeiden und Unachtsamkeit im Betriebe, welche ja immer vorkommen wird, auf ein ungefährliches Mass zurückbringen.

Für die Bequemlichkeit des Reisenden etwas zu thun, ist ebenfalls an der Zeit, denn wenn man heute einem Eisenbahnzuge glücklich entstiegen ist, so fühlt man sich zerstossen und gerädert und, ist man des Nachts gefahren, nur halb ausgeschlafen. Auch hierin werden neuere Betriebsmittel ein anderes Bild zeigen müssen, welches zu der Hoffnung berechtigt, dass man im 20. Jahrhundert mittels elektrischer Bahnen schneller, sicherer und bequemer reisen wird.

Dies waren die Gesichtspunkte, welche den Reisenden für den Wunsch begeistern könnten, neue Eisenbahnverhältnisse zu besitzen. Aber auch der Eisenbahntechniker kann Verbesserungen erhoffen, die mit dem heutigen Betriebe nicht zu erreichen sind. Ernsthaft wird Niemand mehr behaupten wollen, dass der Güterverkehr elektrisch nicht zu bewältigen wäre. Aus den heutigen Klagen über den jährlich zur Herbstzeit wiederkehrenden Wagenmangel lässt sich die Notwendigkeit herleiten, mit dem vorhandenen Wagenpark eine bessere Ausnutzung zu erzielen. Wenn es möglich wird, schneller zu fahren, so kann mit denselben Betriebsmitteln eine grössere Leistung erreicht werden. Der elektrische Betrieb für den Güterverkehr ist auch in der Lage, eine intensivere Ausnutzung der vorhandenen Wagen zu ermöglichen. Die Konstruktion der Güterwagen würde allerdings nicht in ihrer jetzigen Form für elektrischen Schnellverkehr geeignet sein, da die heutigen Wagen nur für eine geringe Geschwindigkeit (30—50 km in der Stunde) gebaut sind. Wir müssen uns daher einen elektrischen Betrieb schneller Güterzüge so denken, dass die heutigen Wagen auf lange, mit Elektromotoren versehene Untergestelle gefahren und auf diesen in geeigneter Weise befestigt werden, ähnlich etwa wie die Möbelwagen ohne Umladung auf den heutigen Güterwagen aufgestellt und befestigt werden. Zweckmässigerweise wird man hierbei die jetzigen Güterwagen mit kleineren Rädern und einfacheren Vorrichtungen versehen, sie dadurch leichter und womöglich für den direkten Strassenverkehr benutzbar machen. Diese Wagen von den langen Güterwagen-Untergestellen auf Nebengeleise in die Städte, Ortschaften und Fabriken hineinzuführen, ist eine Sache der Konstruktion, die hier nicht weiter berührt zu werden braucht. Die oben erwähnten Güterwagen-Untergestelle würden aus Längsträgern bestehen, welche wiederum auf je zwei Drehgestellen mit elektromotorischem Antriebe auflagern. Die Länge eines solchen Untergestells soll für zwei Wagen angenommen werden. Es wird mit dieser Konstruktion ermöglicht, die teuren, mit Motoren u. s. w. versehenen Betriebsmittel sofort wieder in Gebrauch zu nehmen, wenn der betreffende Güterwagen an seinen Bestimmungsort abgeliefert ist, wodurch die aufgewendeten Kapitalien für das Motor-Untergestell voll ausgenutzt werden können. Die Lade- und Entladezeiten üben alsdann keinen Einfluss mehr auf die Ausnutzung der eigentlichen Bahnbetriebsmittel aus, wie dies heute der Fall ist. Die Beschaffung der Güterwagen selbst bleibt alsdann Sache grösserer und kleinerer Privatunternehmungen. Da auf diese Art die Güterwagen schnell befördert werden können und zwar mit gleicher Geschwindigkeit wie die Personenwagen, so wird der nächste Weg zur Vermeidung jeglichen Wagenmangels angewiesen. Allerdings ist dabei nicht ausser Acht zu lassen, dass mit steigender Geschwindigkeit der Güterwagen wahrscheinlich auch ein gesteigerter Güterverkehr stattfinden wird und dass dann im zweiten Stadium wieder der Wagenmangel eintreten kann, der heute ein Klagelied der Beteiligten ist. Um an dieser Stelle ein Bild zu veranschaulichen, das den Wagenmangel z. B. in Preussen darstellt, seien hier folgende statistische Zahlen aus Tageszeitungsberichten wiedergegeben:

»Dass im Herbste Wagenmangel eintritt, hängt mit einem regelmässigen Zusammentreffen von Verkehrsbedürfnissen zusammen, welches voraussichtlich so bald nicht aufhören und dessen Wiederkehr stets von denselben Folgen begleitet sein dürfte. Mit dem verstärkten Versandt von Brennstoffen trifft um diese Zeit die Verfrachtung eines beträchtlichen Teiles der Kartoffelernte und vor allem des grössten Teiles der Zuckerrübenernte zusammen. Die Inanspruchnahme der Eisenbahnen wird überdies zumeist noch dadurch verstärkt, dass zu dieser Zeit die Schiffahrt teils durch Wassermangel, teils durch Hochwasser beeinträchtigt wird. Der herbstliche Wagenmangel, welcher sich übrigens nicht bloss auf offene, sondern auch auf bedeckte Güterwagen erstreckt, ist auch keine Eigentümlichkeit der preussischen Staatsbahnen; er tritt genau ebenso an die anderen deutschen Bahnen, insbesondere die süddeutschen Staatsbahnen, heran, welche um diese Zeit nicht nur ihren ganzen Wagenpark für ihren eigenen Verkehr in Anspruch nehmen, sondern auch in ihrem Bereiche befindliche Wagen der preussischen Staatsbahnen thunlichst zurückbehalten. Will man sich ein richtiges Bild davon machen, inwieweit die Gestellung von Wagen hinter dem wirklichen Bedarfe zurückbleibt, so wird man freilich nicht ohne weiteres von dem Unterschiede zwischen der Zahl der geforderten und der Zahl der gestellten Wagen ausgehen dürfen. Denn die seit einer Reihe von Jahren hinter der Bestellung zurückbleibende Gestellung von Wagen hat vielfach dazu geführt, über das wirkliche Bedürfnis hinaus Wagen zu fordern, damit auch bei einem Abstrich der wirkliche Bedarf Deckung finde. Man muss daher von dem auf dem Papiere erscheinenden Unterschiede zwischen geforderten und gestellten Wagen einen guten Teil in Abzug bringen, wenn man den wirklichen Wagenmangel ermitteln will. Diesem thunlichst abzuhelfen, ist die preussische Staatsbahnverwaltung auf das eifrigste und sorgfältigste bemüht. Auf Grund der ihr für die Vermehrung ihres Wagenparkes bewilligten Kredite sind grosse Wagenlieferungen vergeben. In der Zeit vom 1. Oktober 1895 bis 30. September 1896 sind von der preussischen Staatseisenbahn-Verwaltung in Bestellung gegeben worden: 635 Lokomotiven, 1312 Personenwagen, 226 Gepäckwagen und 14 839 Güterwagen. Seitens der deutschen Waggonfabriken gelangen allmonatlich 1200 neue Güterwagen zur Ablieferung. Von den Betriebsmitteln werden am 1. April 1897 die Gepäck- und Güterwagen voraussichtlich sämtlich zur Ablieferung gelangt sein, wogegen die Fertigstellung der Lokomotiven und Personenwagen zum Teil erst in das nächste Etatsjahr fallen wird. Es ist auch durch eine der Zweckbestimmung durchaus entsprechende und gut funktionierende Einrichtung dafür gesorgt, dass der gesamte Wagenpark so weit als möglich stets umläuft und dass seine Verteilung dem jeweiligen Bedarf entspricht. Zu diesem Ende wird mit grösster Strenge darauf gehalten, dass die Stationen keine Wagen zur Disposition für erst künftig zu erwartende Sendungen ihrer regelmässigen Kunden zurückbehalten und so zeitweilig der Benutzung entziehen. Die Verteilung der Wagen auf die vier grossen Verkehrsgebiete, in welche das preussische Staatsbahnnetz sich teilt, erfolgt von einer Centralstelle in Magdeburg aus, bei welcher tagtäglich die gesamten Anmeldungen auf Wagen sowie die Nachrichten über den Bestand an Wagen für den ganzen Umfang des Verkehrsgebietes zusammenlaufen. Sie teilt auf Grund dieser umfassenden Kenntnis von Soll und Ist an die mit der Leitung des Wagenverkehrs jener vier grossen Verkehrsgebiete betrauten Direktionen die nach dem Verkehrsbedürfnis auf sie entfallende Zahl an Wagen zu, und für diese Direktionen erfolgt dann die Unterverteilung der Wagen innerhalb ihres Verkehrsgebietes. Sie berichten hierüber sowie über ihren Bedarf alsbald an die Magdeburger Wagenverteilungsstelle telegraphisch, so dass diese an jedem Abend ein vollständiges Bild von der Verteilung des ganzen Wagenparkes und dem Bedarf erhält, welches sie in den Stand setzt, so über diesen Park zu verfügen, dass er dem Verkehr möglichst nutzbar gemacht wird. Erschwert wird diese Aufgabe sehr erheblich durch den Umstand, dass nicht selten einem starken Bedarf in einem der Hauptverkehrsgebiete, welcher zu einer starken Ansammlung von rollendem Material in demselben geführt hat, rasch ein starker Mehrbedarf in einem entfernten anderen Gebiete folgt; es ist dann meist mit erheblichen Schwierigkeiten verbunden, die vollständige Wagenanzahl so rasch als erforderlich von dem einen Ende des Staatsgebietes in das andere, z. B. von der Ruhr in das oberschlesische Kohlenrevier, zu dirigieren, so dass das Verkehrsbedürfnis nicht sofort befriedigt werden kann. Trotzdem wird man anerkennen müssen, dass alle Mühe angewendet wird, dem Wagenmangel thunlichst abzuhelfen.«

Nach diesen Ausführungen ist leicht ersichtlich, dass diesem Mangel im Eisenbahnbetriebe am besten abgeholfen werden kann durch grosse Geschwindigkeit des Güterverkehrs. Die richtige Lösung hierfür zu finden, ist gleichbedeutend mit der Lösung grösserer sozialpolitischer und ökonomischer Fragen im Eisenbahnwesen, denn Jedermann weiss, dass der Güterverkehr die Haupteinnahmequelle der Eisenbahn ist und wahrscheinlich unter den neuen Betriebs-Verhältnissen ebenfalls bleiben wird. Wie der Verkehr unter den Menschen zunimmt, so muss auch der Austausch der Güter in gleichem Massstabe steigen.

Man hat sich die Mühe genommen, auszurechnen, was das Anhalten und Losfahren unserer heutigen Bahnzüge kostet. Eine sehr populär gehaltene Berechnung dieser Kosten fand sich vor einiger Zeit in mehreren achtbaren Zeitungen und soll es den geehrten Lesern an dieser Stelle nicht vorenthalten werden, eine derartige Berechnung im Originale zu lesen, die, obgleich in den Einzelheiten der Rechnung wohl noch anfechtbar, jedoch im allgemeinen dasjenige trifft, was besonders bestimmend für die Beurteilung der Frage ist, ob es vorteilhaft bleibt, das Anhalten und Abfahren der Züge auf ein Minimum zu beschränken.

»Mit Hilfe der Reibung zwischen Schienen und Treibrad kann die Lokomotive die Züge bewegen. Wenn Eisen auf Eisen unter einem gewissen Drucke gleitet, so leistet die sich kundgebende Reibung einen Widerstand, welcher nach gewöhnlicher Annahme etwa einem Sechstel des Druckes gleich kommt. Übt z. B. eine Lokomotive mit ihren Treibrädern einen Druck von 36 t auf die Schienen aus, so findet sie in einer Reibung von 6 t gewissermassen den Halt, an welchem sie sich vorwärts arbeitet. Vermehrt man die Schwere des Zuges so weit, dass dieser Halt nicht mehr genügt, und lässt man Dampf in die Cylinder einströmen, so geraten die Treibräder ins Rutschen. Aus der Grösse der Reibung und der Last des Zuges im Verein mit der gleich 9,81 m in der Sekunde von Newton ermittelten, aus der Anziehungskraft der Erde entspringenden Beschleunigung der Schwere lässt sich ungefähr erkennen, in welcher Zeit und auf welcher Wegelänge der Zug aus der Ruhe in die ihm zugemessene fahrplanmässige Geschwindigkeit von x Kilometern in der Stunde gebracht werden kann. Da aber hier mathematische Entwickelungen und Formeln nicht am Platze sind, so möge das Gesagte an einem Beispiele auseinandergesetzt werden. Man denke sich einen Zug, der einschliesslich Lokomotive und Tender

360 t wiegt und von einer zweigekuppelten Maschine mit 30 km Geschwindigkeit in der Stunde befördert wird. Die Treibräder sollen mit 27 t Gewicht auf die Schienen drücken, so dass also der Reibungswiderstand 4,5 t beträgt. Setzt man nun den gewöhnlichen Widerstand des Zuges nur gleich $1/300$ seiner Schwere, so bleiben von den 4,5 t Reibungswiderstand 3,3 t nutzbare Kraft übrig, und da diese Kraft nach den Newton'schen Gesetzen der Lokomotive die Befähigung verschafft, dem Zuge etwa 9 cm Beschleunigung in der Sekunde zu verleihen, so würden zwischen 92 und 93 Sekunden vergehen, bis der Zug seine fahrplanmässige Geschwindigkeit erreicht hat. Die hierzu gehörige Wegelänge berechnet sich auf 388 m. Um den Zug auf der nächsten Station zum Halten zu bringen, ist zwar weniger Zeit erforderlich, weil dann die Bremsen von Wagen und Tender die Wirkung beschleunigen; da es aber hier auf die Ermittelung der Kosten ankommen soll und in Folge des Bremsens die Bremsen, die Radeisen, die übrigen Zuggeschirre und die Schienen sich abnutzen, also die Arbeit, die beim Ingangsetzen des Zuges stattfindet, hier in einer anderen geldverzehrenden Weise bewirkt wird, so darf man auch für das Anhalten des Zuges eine Wegelänge von 386 m in Rechnung setzen. Der ganze Weg für Anhalten und Wiederingangsetzen des Zuges beziffert sich also auf 2 mal 386 = 772 m. Nach den Newton'schen Gesetzen aber würde der Zug mit seiner normalen Geschwindigkeit in derselben Zeit das Doppelte oder 2 mal 772 = 1544 m durchlaufen, so dass die Arbeit für 772 m durch das Anhalten auf einer Station mehr aufgewendet worden ist. Wir lassen hierbei ganz und gar die Zeit ausser Acht, während welcher der Zug auf einer Station der Abfertigung wegen still steht; denn diese Zeit kann Minuten und Stunden dauern und müsste mit ihren Kosten für die einzelnen Fälle besonders veranschlagt werden. Wir wollen uns nur eine Vorstellung von den Kosten machen, welche durch das Inruhesetzen des fahrenden Zuges und durch das Wiederingangbringen entstehen.

Da die Selbstkosten der Züge von der Art wie der hier angenommene durchschnittlich 2 ℳ etwa für das Kilometer betragen mögen, so würde das Halten des Zuges 2 mal 0,772 = 1,54 ℳ Kosten verursacht haben, und selbst bei 1 ℳ Selbstkosten müssten noch 77 ₰ für das Anhalten gerechnet werden. Doppelte Geschwindigkeit verursacht vierfache Kosten; wenn eine Lokomotive, deren Treibräder mit 26 t auf die Schienen drücken, einen Schnellzug von 221 t Gewicht mit 75 km Geschwindigkeit in der Stunde befördern soll, so muss bei jedem Anhalten und Wiederanfahren eine Arbeit von etwa 2256 m mehr als auf der freien Strecke aufgewendet werden. Setzt man nun die Selbstkosten eines solchen Zuges auch nur auf

4 ℳ pro Kilometer, so ergeben sich für einmal Anhalten und Wiederanfahren 4 mal 2,256 = 9 ℳ 2 ₰ Kosten. Nun fragt sich noch, wie sich das einzelne Anhalten zum Ganzen stellt. Die Länge der Staatsbahnen beträgt gegen 25 000 *km* mit etwa 4000 Bahnhöfen, Haltestellen und Haltepunkten. Berücksichtigt man auch die Züge, welche nicht regelmässig gehen, ferner das vielfache Anhalten vor Block- und anderen Haltesignalen, auch das hin und wieder erforderliche Halten auf offener Strecke u. s. w., so kann man wohl voraussetzen, dass durchschnittlich für die Station das Anhalten und Wiederanfahren 20 mal auf allen Stationen u. s. w., also 80000 mal täglich vorkommt. Und wenn man die Kosten durchschnittlich auf eine Mark für einmal Halten und Wiederanfahren rechnet, so ergiebt sich, dass das Anhalten und Wiederanfahren der Züge auf den preussischen Staatsbahnen jährlich rund 29 Millionen Mark verschlingt. Aus diesen Zahlen geht deutlich hervor, dass es nicht gleichgültig ist, schwere Züge an Stellen halten zu lassen, an denen so wenige Personen zugehen, dass die Unkosten des Haltens nicht gedeckt werden.«

Wenn nach der vorstehenden Rechnung, welche der »Rheinisch-Westfälischen Zeitung« entnommen ist, auf den preussischen Staatsbahnen jährlich eine Summe von nahezu 30 Millionen Mark für diese Position verschlungen wird, so ist die Frage jedenfalls berechtigt, ob sich mit den neuen elektrischen Betriebsmitteln das Anhalten und Abfahren der Züge wesentlich einschränken liesse. Deswegen muss in der nachfolgenden Betrachtung beim Übergangs-System und bei dem rein elektrischen Betriebe ein Hauptgewicht darauf gelegt werden, ein System zu schaffen, welches die genannten Ausgaben wenn auch nicht ganz verschwinden lässt, so doch im wesentlichen verringern kann. Es ist auch thatsächlich nicht nötig, wegen jeder zusteigenden Person einen ganzen Zug halten zu lassen, zumal der elektrische Betrieb es zulässt, jede Achse selbstbewegend zu machen. Hierüber wird das Nachfolgende näheren Aufschluss geben.

II.

Das Übergangs-System vom Dampf- zum elektrischen Betriebe.

a) Der Personen-Verkehr.

Schwärmer für elektrischen Bahnbetrieb haben schon vorgeschlagen, plötzlich mit dem heutigen Dampfbetrieb zu brechen; ruhig denkende Gemüter müssen aber von einem anderen Standpunkte ausgehen und allmählich die Vorteile des elektrischen Betriebes in das Bedürfnis für einen solchen überleiten, wozu Jahre und Jahrzehnte gehören. Wir wollen einen Weg verfolgen, der es uns schon früher ermöglichen soll, auf den bestehenden grossen Strecken langsam den elektrischen Betrieb einzurichten, unter teilweiser Beibehaltung des heutigen Systems für einen Teil des Betriebes. Es ist natürlich nicht zu erwarten, dass bei einem kombinierten Betriebe zwischen Dampf und Elektrizität die höchsten wirtschaftlichen Erfolge erreicht werden, wenn nur durch die Neuerung nicht Verteuerungen eintreten und die Verbilligungen noch immer derartige sind, dass auch langsam in verkehrstechnischer Hinsicht, d. h. also in Ermässigung von Fahrpreisen, Vereinfachung von Fahrkarten, Verbilligung der Gütertarife u. s. w., allmählich Änderungen getroffen werden können.

Als Überleitung unserer Gedanken in die Verhältnisse der elektrischen Zukunftsbahnen sei es gestattet, einige Einzelheiten hier folgen zu lassen über eine im Jahre 1891 von der Firma Ganz & Co. in Budapest zwischen Wien und Budapest projektierte elektrische Vollbahn, um gleichzeitig zu zeigen, dass die technischen Fragen, die bei elektrischen Schnellbahnen auftreten können, bekannt und zufriedenstellend zu lösen sind. Es sei jedoch von vornherein bemerkt, dass eine Bahn nach diesem Projekte noch keineswegs zeitgemäss wäre, sondern wohl erst nach weiteren Decennien diskutierbar bleibt. Nachfolgende Schilderung ist der »Elektrotechnischen Zeitschrift« vom Jahre 1891 auszugsweise entnommen.

Das Bedürfnis nach rascheren Verkehrsmitteln, als die heutigen Schnellzüge uns bieten, wird ein immer dringenderes und die Einführung von bedeutend schneller verkehrenden Zügen nunmehr eine Frage der kürzesten Zeit. Alle jene Personen, deren Lebensberuf mit häufigen Reisen verbunden ist, empfinden sehr den Zeitverlust, den die Reise selbst mit sich bringt. Eine Steigerung der Fahrgeschwindigkeit bei der heutigen Lokomotivbahn ist fast ausgeschlossen; die hin- und hergehenden Teile der schweren Eilzugs-Lokomotiven veranlassen die bekannten gefährlichen Pendelbewegungen und die starke Inanspruchnahme des Oberbaues und der Betriebsmittel; deshalb ist man beim Dampfbetrieb an die Einhaltung einer gewissen maximalen Geschwindigkeit gebunden. Der schnellste Zug in Deutschland ist der Hamburg-Berliner Schnellzug, welcher die 286 km lange Strecke in 3 Stunden 36 Minuten zurücklegt bei einem Aufenthalt von 4 Minuten in Wittenberge. Dies ergiebt eine absolute mittlere Fahrgeschwindigkeit von 81 km in der Stunde. Beim elektrischen Betriebe giebt es keine hin- und hergehenden Maschinenteile, die Hauptursache der pendelnden Bewegung fällt weg und man kann daher die Geschwindigkeit steigern, ohne den Oberbau und die Betriebsmittel mehr in Anspruch zu nehmen; die elektrische Lokomotive braucht keine Kohle, kein Wasser, keinen Tender, keinen Generator für die Triebkraft, nur den Motor, dessen rotierender Teil direkt auf der Triebachse sitzt. Der elektrische Betrieb bietet diese hervorragenden Vorteile; in ihnen liegt die Möglichkeit neuartiger Verkehrsmittel, die sich durch erhöhte Fahrgeschwindigkeit den vorhandenen und immer höher werdenden Bedürfnissen nach Schnellverkehr anschmiegen. Ist aber einmal die Möglichkeit vorhanden, Eisenbahnen für Schnellverkehr zu bauen, so wird die Ausführung sehr bald auf dem Fusse folgen, da die immer wachsenden Ansprüche, die Handel und Gewerbe an die Leistungsfähigkeit der Verkehrsmittel stellen, dazu zwingen, jede Errungenschaft der Technik nutzbar zu machen, und es ist vorauszusehen, dass binnen wenigen Jahren daran gegangen werden wird, zwischen einigen Städten, die vermöge ihrer Lage und ihrer Bedeutung mit einander in einem regen industriellen oder gewerblichen Verkehr stehen, Eisenbahnen mit Schnellverkehr zu bauen; es ist auch vorauszusehen, dass ganze Länder durch derartige Eisenbahnlinien durchschnitten werden, die dem Zuge des kontinentalen Verkehrs folgen werden. Da die von genannter Firma geplante Eisenbahn-Trace Wien-Budapest ganz besonders dazu geeignet ist, die Hauptmerkmale einer elektrischen Fernbahn zur Durchführung zu bringen, so ist es möglich gewesen, alle Aufgaben, die durch verschiedenartige Terrainverhältnisse dem Bau von Schnellverkehrslinien gestellt werden können, zu lösen. Es liegt in der Natur elektrischer Bahnen, nicht mit langen Zügen in grossen Zwischenräumen zu fahren, sondern, wie auch hier projektiert, mit kleinen, nur eine beschränkte Anzahl von Personen fassenden Zügen oder einzelnen Wagen den Verkehr zu bewältigen. Hierzu drängt nicht nur der Umstand, dass eine häufige Verbindung der Endpunkte für den allgemeinen Verkehr wichtiger ist als die gleichzeitige Beförderung von vielen Reisenden, sondern auch die technische Rücksicht auf möglichste Verringerung des Kraftbedürfnisses für einen Zug und möglichst gleichmässige Verteilung des Kraftverbrauches auf der ganzen Linie.

Je geringer das Zugsgewicht, um so kleiner die Elektromotoren, um so geringer der Strombedarf für den Zug, um so einfacher, sicherer und billiger die Stromzuleitung. Je kleinere Einheiten man in Verkehr setzt, desto sicherer und wirtschaftlicher ist auch der Betrieb, weil man die Schwankungen des Verkehrsbedürfnisses innerhalb eines Tages berücksichtigen kann, weil man sich diesen Schwankungen anschmiegen und ein günstigeres Verhältnis zwischen toter und Nutzlast erhalten kann. Kleine Zugeinheiten in kurzen Zwischenräumen bringen den weiteren Vorteil mit sich, dass die Stromleitung in gleichmässigerer Weise belastet wird, als wenn man lange schwere Züge befördert. Die Beanspruchung der Stromleitung und der Maschinen wird gleichförmiger, die Anlage wird rationeller arbeiten.

Das Mehrerfordernis an Personal bei Einzelbetrieb kommt hierbei gegenüber dem Umstande gar nicht in Betracht, dass ein unzwekmässiges Arbeiten der Anlage ganz besondere Mehrauslagen, d. i. bedeutend höhere Betriebsauslagen, verursachen würde.

Das sind die Gründe, welche Veranlassung gaben, dem Projekte den Strassenbahnverkehr zu Grunde zu legen. Was zunächst die Fahrgeschwindigkeit der Wagen anlangt, so sollte das Höchste erreicht werden, was bei einem peinlich genau verlegten Schienenwege und bei einer durch einfache Adhäsion vermittelten Fortbewegung noch erreichbar erschien. Die Geschwindigkeit konnte nur so weit gesteigert werden, als die Haltbarkeit der verwendeten Materialien, insbesondere der Räder, es gestattete. Die Grenze würde demnach bei ungefähr 250 km in der Stunde liegen (was übrigens von anderer Seite durch Rechnung angezweifelt wurde), denn die Umfangsgeschwindigkeit der Räder, wird bei dieser Fahrgeschwindigkeit nahezu 70 m in der Sekunde und die Beanspruchung der Radreifen gegen Zerreissen in Folge der Fliehkraft für die Konstruktion und Berechnung massgebend. Auch die Adhäsion zeigt eine Grenze, bis zu welcher mit der Fahrgeschwindigkeit gegangen werden kann, um das Fortbewegen des Wagens mit genügender Sicherheit gewährleisten zu können.

Steigungsverhältnisse, Materialbeschaffenheit, Witterung und dergleichen variieren dabei sehr stark. Bestimmend für die Zugsintervalle ist in jedem Falle die Dichte des Verkehrs und der Fassungsraum der Wagen. Auch hier giebt es eine Grenze, die durch die Betriebssicherheit gezogen wird. Es darf kein Zug dem vorausfahrenden so bald folgen, dass er nicht bei einer etwaigen Störung, die den Vorgänger trifft, noch rechtzeitig angehalten werden könnte. Die Möglichkeit des Anhaltens sowie der Signalisierung ist in jenen Vorkehrungen gegeben, die man zu diesem Zwecke auf der Strecke vorsieht.

Würde man bei einer elektrischen Eisenbahn mit Schnellverkehr dieselben Signalisierungs-Vorkehrungen anwenden, wie sie jetzt für Fahrgeschwindigkeiten bis zu 100 km in Anwendung sind, so würde man riskieren, dass bei der bedeutend erhöhten Geschwindigkeit, welche das Sehen und Hören erschwert und unsicher macht, die Signalwirkung versagt.

Es muss daher eine ganz neuartige, eigens für die hohe Geschwindigkeit berechnete Signalisierung angewendet werden.

Ferner muss der Fall vorgesehen werden, dass auch diese Signalisierung vom Wagen aus nicht erkannt wird, und es muss Vorsorge getroffen werden, dass in diesem Falle die einzelnen Bahnwächter in der Lage seien, jeden Wagen auch ohne weitere Signalisierung aufhalten zu können, was bei elektrischem Betriebe ziemlich leicht durch Aufstellung von Stromausschaltungen ermöglicht wird.

Das kürzeste Intervall ergiebt sich dann aus der Bedingung, dass ein Wagen, wenn ihm der Strom abgeschnitten wird, vermöge lebendiger Kraft — und etwa Gefälle — nicht weiter zu laufen im Stande sei als bis auf eine gewisse Distanz, die noch der Sicherheit halber zwischen ihm und dem Vorwagen auch im Stehen eingehalten werden muss.

Das kürzeste Intervall wird um so geringer festgesetzt werden können, je bessere Bremsvorrichtungen dem Wagenführer zu Gebote stehen und je sicherer er auf das unvermutet eingetretene Abschneiden des Stromes aufmerksam wird.

Man erkennt, dass die Festsetzung des kürzesten Zugsintervalles nur im Zusammenhange mit den Brems- und Arretierungs-Vorrichtungen stattfinden kann, und sollte das kürzeste Intervall nicht unter 10 Minuten angesetzt werden.

Das Minimalintervall wäre nur für jene Tageszeiten in die Fahrordnung aufzunehmen, zu welchen der Verkehr am dichtesten ist. Die lokalen Verhältnisse sind hier bestimmend.

Die Wagengrösse ist zu 40 Sitzplätzen angenommen worden und die Wagenfolge in Zwischenräumen von 10 bis 60 Minuten, je

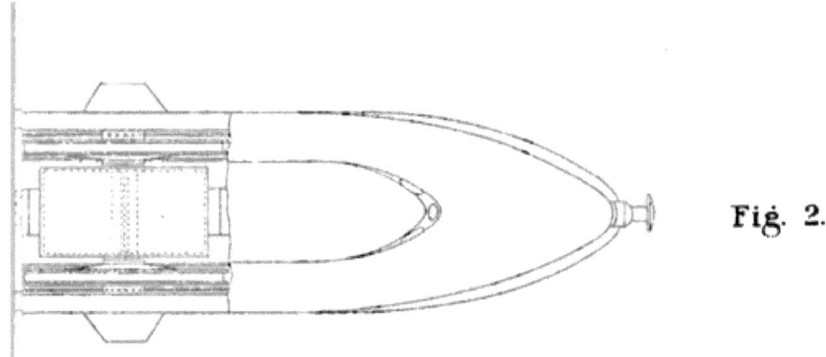

Fig. 2.

nach den Anforderungen des Verkehres. Die Gesamtanordnung des elektrischen Teiles der Bahnanlage war so gedacht, dass in ungefähr 60 *km* Entfernung von Budapest und ebenso weit von Wien die beiden Stromerzeugungsanlagen sich befinden sollten. In diesen Kraftwerken sollte Strom von 10000 Volt Spannung erzeugt und an der Bahn entlang geführt werden. In den Bahnwärter-Häuschen sollten die Transformatoren aufgestellt sein, welche niedrig gespannten Strom in besondere Kontaktleitungen geben.

Einen in der Waggonfabrik von Ganz & Co. in Budapest konstruierten Wagen, der im Sinne des Vorstehenden ausser den 40 Sitzplätzen der Passagiere nur noch 2 Aborte und die beiden gegenüber den letzteren gelegenen und in Etagen zu unterteilenden Räume für die Post und für die Utensilien des Fahrpersonals enthält, zeigen die Figuren 1, 2 und 3 auf besonderem Blatte.

Der Wagen ist 45 *m* lang, 2150 *mm* breit, 2200 *mm* hoch und hat an beiden Enden eine durch parabelähnliche Flächen abgegrenzte Form erhalten, damit der Luftwiderstand, der bei der grossen Fahrgeschwindigkeit den grössten Teil der Betriebskraft beansprucht, auf ein möglichst geringes Mass verringert werde.

Die beiden Endräume des Wagenkastens sind ausschliesslich Maschinenräume und für das Publikum unzugänglich. Sie sind gegen den Mittelteil des Wagens durch Blechwände mit Glasthüren und Fenstern abgeschlossen. Ein ähnlicher Abschluss ist auch gegen den Führerstand notwendig, weil innerhalb der Maschinenräume ganz bedeutende Luftströmungen sich geltend machen werden. Die beiden Maschinenräume repräsentieren je ein Drehgestell.

Das Gerippe des Wagenkastens ist ein System von Längsträgern, die in den beiden Maschinenräumen an den vier Kastenkanten verlaufen, während sie zwischen den beiden Drehgestellen zu einer Art Gitterbrücke ausgebildet sind, die in Entfernungen von je 1500 *mm* Versteifungsrippen trägt, welche unter einander durch Kreuze und Bänder abgesteift sind. Diese Gitterbrückenkonstruktion für den die Reisenden aufnehmenden Mittelteil des Wagens ist notwendig, weil einerseits die Wände oberhalb der Brückenträger behufs Anbringung der Fenster durchbrochen werden müssen, anderseits weil die bedeutende freitragende Länge des Mittelteiles genügend widerstandsfähig gegen Einbiegen und gegen die vom hinteren Maschinenraum ausgehende Beanspruchung in der Längenachse konstruiert werden musste.

Der Wagenkasten ruht auf zwei Drehgestellen und wird von den letzteren mittels 16 Paar Evolutfedern getragen, die in teleskopisch in einander beweglichen gussstählernen Kasten eingeschlossen und fixiert sind.

Wie aus der Zeichnung ersichtlich, sind diese Kasten mit dem Gerippe des Wagenkastens verbunden und können innerhalb der auf den Rahmen der Drehgestelle aufgeschraubten Schuhe in einer Kreisbahn schleifen, deren Mittelpunkt mit der Mitte des Trucks zusammenfällt. Es kann also jeder Truck eine Verdrehung gegen die Längenachse des Wagens eingehen, die im vorliegenden Falle einem Kurvenradius von 1000 m entspricht. Die seitliche Bewegung des Rahmens innerhalb der Kreisbahn beträgt hierbei 8 mm an den Rahmenenden.

Die Drehgestelle bestehen aus zwei Blechträgern, die oberhalb der Achsbüchsen nach aufwärts gekröpft sind, damit der notwendige Raum für die letzteren gewonnen wird. Die Blechträger werden durch vier Gussstahltraversen mit einander zu einem Rahmen vereinigt, welcher sich an seinen beiden Enden mittels Kugeln an zwei entsprechend angeordnete Ständer des Wagenkastens lehnt und mittels derselben (bei Wahrung der vollen Beweglichkeit in horizontalem und vertikalem Sinne) den Bewegungsimpuls auf den Wagenkasten überträgt.

Auf den beiden Achsen des Drehgestelles ist je ein Elektromotor direkt aufmontiert, dessen Magnetsystem mit dem Drehgestellrahmen fest verbunden ist. Ein Waggon hat somit 4 Elektromotoren. Eine derartige vollständig starre Anordnung der Elektromotoren mit den Rahmen und Achsen ist natürlicher Weise nur zulässig, wenn sowohl die Gefällsbrüche nach einem genügend grossen Radius ausgeführt werden als auch in den Übergangskurven eine sehr allmähliche Überhöhung des äusseren Schienenstranges angeordnet und hierdurch vermieden wird, dass das Drehgestell in windschiefer Ebene laufen muss.

Die Triebräder wurden so gross als möglich konstruiert und mit zwei Spurkränzen versehen. Der äussere Spurkranz ist eine Sicherungsvorrichtung gegen Entgleisung; er steht vom Schienenkopf 5 mm ab.

Die inneren Spurkränze haben ebenfalls 5 mm Spiel, weil auf eine Erwärmung und Ausdehnung der Achse (Fig. 3) Rücksicht genommen werden muss. Diese Anordnung bedingt, dass, noch bevor der innere Spurkranz aus irgend einer Ursache aufzusteigen beginnt, der äussere Spurkranz des zweiten Rades bereits am Schienenkopf anläuft und die Führung des Räderpaares mit übernimmt.

Es wurden Räder mit doppelten vollen Scheiben projektiert, deren am Radkranz ausgedrehte Reifen in entsprechende Nuten der Radbandagen eingreifen. Die Bandagen können daher sehr leicht ausgewechselt werden; sie müssen wegen der starken Beanspruchung sehr sorgfältig hergestellt werden.

Die beiden Scheiben eines Rades sind kegelförmig und werden mittels Schrauben, die durch ihre Naben durchgreifen, zusammengezogen. Hierdurch wird die Bandage sicher und mit gleichmässigem Drucke längs seiner Seitenwände gefasst, ohne dass in demselben ungleichmässige Spannungen entstehen; ferner werden gleichzeitig die Naben fest auf die Achse gepresst.

Ein besonderes Augenmerk muss der Lagerung gewidmet werden. Bei dem Raddruck von nahezu 7500 kg und einer Umdrehungszahl von nahezu 600 erscheint es unerlässlich, eine ganz eigenartige, von der bisherigen Konstruktion ganz abweichende Lagerung vorzunehmen. Die Schalen müssen trotz der damit verbundenen Nachteile geschlossen sein und die Achsen müssen in Öl laufen.

In jedem Drehgestell befinden sich noch, und zwar genau in der Mitte desselben, zwei Stromabnahme-(Kontakt-)Räder, welche auf den Stromschienen laufen. Die Situierung dieser Räder mit ihren Achsen genau in der Mittelpunktsebene des Drehgestelles ist eine Notwendigkeit, weil sie während der Fahrt so viel als möglich genau über den Stromzuführungsschienen rollen müssen, bezw. es wird hierdurch erzielt, dass sie innerhalb ihrer Lager nur sehr geringe axiale Bewegungen zu machen gezwungen sind und dass es infolge dessen möglich ist, ihre Kränze nutartig und den Stromschienenkopf von beiden Seiten umfassend herzustellen und eine möglichst grosse Übergangsfläche für den Strom zu erzielen.

Wie aus dem Folgenden ersichtlich ist, handelt es sich darum, ganz bedeutende Stromquantitäten aus den Stromschienen in die Räder und von hier in die Zuleitungskabel der Wagen zu überführen, und muss deshalb den Kontaktvorrichtungen eine hohe Aufmerksamkeit gewidmet werden. Die Konkakträder müssen grosse Durchmesser erhalten, damit sie nicht mit zu hoher Tourenzahl laufen und ihre Lagerung keine Schwierigkeiten bietet. Sie müssen sehr leicht sein, um allen Bewegungsimpulsen, die ihnen während der Fahrt mitgeteilt werden, leicht folgen zu können; dabei müssen sie mit einem gewissen Drucke auf den Schienen laufen, um einen sicheren Kontakt zu bewirken.

Eine grosse Würdigung müssen die Bremsvorrichtungen erfahren, denn es ist ein Haupterfordernis der Betriebssicherheit, bei einem mit 250 km fahrenden Wagen die den 60 t desselben entsprechende lebendige Kraft binnen einer möglichst kurzen Zeit vernichten und den Wagen anhalten zu können.

Eine gewisse Bremswirkung übt der Luftwiderstand aus, der ein sehr bedeutender ist und ungefähr 200 PS repräsentiert.

Für die Fahrt in horizontaler Bahn sind alle anderen Widerstände gegen den Luftwiderstand sehr gering. Es ist daher einleuchtend, dass eine erste Bremswirkung durch einfaches Abschalten des Stromes und Kurzschliessen des Motorstromkreises eintritt. Es ist dies aber nur für die ersten Momente von Nutzen, denn mit der Verringerung der Geschwindigkeit vermindert sich auch die Bremswirkung.

Eine allmähliche und sehr kräftige Bremsung kann man erreichen, wenn man die Elektromotoren nach ihrer Abstellung mit einem äusseren Widerstand in Verbindung bringt und sie als Primär-Maschinen auf diesen Widerstand arbeiten lässt.

Die Beleuchtung der Strecke muss eine derartige sein, dass irgend ein Hindernis rechtzeitig bemerkt wird, um den Wagen noch anhalten zu können. Hierzu sind ca. 2 km notwendig, daher die Reflektoren ihr Licht auch bei trübem Wetter auf 2 km weit werfen müssen.

Wie schon erwähnt, bieten der Anwendung der Fahrgeschwindigkeit von 200 km und darüber die Steigungen weniger Hindernisse als die Kurven. Um Steigungen mit grosser Geschwindigkeit überwinden zu können, braucht man nur Kraft, und man kann immerhin voraussetzen, dass es am richtigen Orte an Kraft nicht gebricht. Dagegen ist die Fahrgeschwindigkeit beschränkt durch Kurven, weshalb festgesetzt werden muss, dass nur möglichst grosse, sanfte Kurven anzuwenden sind. Für die freie Strecke, die mit der vollen Geschwindigkeit durchfahren werden soll, sind Kurven mit mindestens 3000 m Radius festgesetzt. Wo dies der Terrainverhältnisse wegen undurchführbar ist, muss die Fahrgeschwindigkeit ermässigt werden. Der Seitendruck beim Befahren der Kurven soll vollständig aufgehoben werden, deshalb ist eine Erhöhung des äusseren Schienenstranges notwendig.

Selbstverständlich ist dies so verstanden, dass die Überhöhung durch Heben des äusseren und durch Senken des inneren Schienenstranges auf je das halbe Überhöhungsmass hergestellt wird. Das Überhöhungsmass beträgt für 200 km Geschwindigkeit und für Kurven mit 3000 m Radius 148 mm, wobei die Resultierende aus Centrifugalkraft und Eigengewicht die Bahnachse trifft. Je grösser die Überhöhung, um so schwieriger wird der Übergang aus der Geraden in die Kurve. Man wird nicht mehr als 180 mm Überhöhung erreichen können, ohne die Sicherheit des Einfahrens in die Kurven zu gefährden.

Schärfere Steigungen als 10 $^0/_{00}$ würden bereits durch das Gewicht der entsprechend stärkeren Elektromotoren den allgemeinen Betrieb ungünstig beeinflussen und sind daher zu vermeiden. Wenn sie aber unausweichlich sind, müsste man auf ihnen mit entsprechend geringerer Geschwindigkeit verkehren.

Aus dem Vorstehenden ist zu erkennen, dass die durchschnittliche Fahrgeschwindigkeit im Hügel- und Bergland mit nicht mehr als 200 km per Stunde erreichbar ist, wobei in geraden Gefällen jene Zeitverluste, welche in grossen Steigungen und scharfen Kurven eintreten, mit einer Maximalgeschwindigkeit von 250 km teilweise wieder eingebracht werden können.

Gegen Entgleisung ist man vor allem durch den grossen Durchmesser der Triebräder und durch die Bauart des Wagens gesichert, dessen zwei Drehgestelle innerhalb der Spur eine bessere Führung erhalten können, als bei festen Achsen möglich ist, und dessen bedeutende Länge das beste Mittel ist, um das Schlängeln des Wagens zu verhüten, d. i. eine vornehmliche Veranlassung zu Entgleisungen auszuschliessen. Eine zweite Versicherung gegen Entgleisung erreicht man durch die zweiten Spurkränze von 50 mm Höhe, wodurch jedes Rad auf 950 mm Peripherie Führung erlangt. Endlich ist für den Fall, dass dennoch eine Entgleisung vorkommen sollte, am Wagen eine Sicherheitsvorkehrung dadurch getroffen, dass die vier Doppelkonsolen, welche die Gitterträger mit den Maschinenräumen verbinden, so tief reichend ausgebildet sind, dass sie bei dem Absturz der Wagenräder von den Schienen die beiden Aussenseiten der Laufschienen übergreifen und hierdurch dem Wagen eine Weiterführung verleihen. Übrigens wurde der ganze Wagen so niedrig gesetzt, dass die Fallhöhe bis zu den Stromschienen nur 100 mm beträgt; er müsste daher nach der Entgleisung auf den Stromschienen schleifen, welche, wenn auch die Isolatoren brechen, durch ihren guten Längenverband stets eine glatte Bahn bilden.

Die beste Gewähr gegen Entgleisung bietet aber der gewählte Oberbau. Er besteht aus 180 mm hohen Vignoles-Schienen von 50 kg Gewicht für das Meter, die mittels beiderseits angebrachter Gussstahlfrösche auf den aus Stahlguss herzustellenden Querschwellen aufgeschraubt werden. Die letzteren haben gehobelte Auflagen für die Schienen, deren Spurmass vollständig gesichert ist. Sie sind in 1 m Entfernung gelegt und auf einem durchlaufenden Betonfundament aufgeschraubt. Die Schienen werden ihrer ganzen Länge nach untermauert, so dass für den Fall eines Schienenbruches die Bruchenden nicht aus ihrer Lage kommen und keine Veranlassung zu einer Entgleisung bieten.

Die Stromzuführung geschieht durch Schienen, die als Luftleitungen durchgebildet sind, indem diese etwa 50 cm über dem Boden auf Isolatoren aufliegen.

Die Stromschienen haben ein ähnliches Profil wie die ehemaligen Stuhlschienen und sind mittels gusseiserner Träger in Hartgummi-Isolatoren gesetzt, die in den Querschwellen in eigenen Muffenangüssen eingegossen werden.

Der Oberbau muss mit minutiöser Genauigkeit verlegt und mit dem Betonfundament verschraubt werden. Diese Arbeit sowohl als die Anlage eines durchgehenden Fundamentes verteuert zwar die Eisenbahn, ist jedoch unerlässlich, um die bei der hohen Geschwindigkeit notwendige Verkehrssicherheit zu gewährleisten.

Es sind einzig und allein das Gewicht und die Stabilität des Oberbaues, die die Sicherheit des Verkehres mit sich bringen. Es ist gar nicht daran zu denken, den Oberbau nur in Schotter zu betten; diese Bettung ist viel zu elastisch und bindet den Oberbau nicht genügend. Die vorkommenden Entgleisungen lassen sich zum grossen Teil auf Veränderungen des Oberbaues zurückführen; einseitige Setzungen, Hohlliegen u. s. w. geben Veranlassung zu den meisten Unfällen.

Für dieses Eisenbahnsystem tritt aber noch die weitere Notwendigkeit ein, einen sehr massigen schweren Oberbau zu schaffen, denn es muss dem Stosse, welchen der schwere Wagen bei der grossen Geschwindigkeit auf die einzelnen Oberbauteile ausübt, eine entsprechend träge, schwere Masse entgegengestellt werden; nur dann wird der Oberbau in seiner Lage und in seinem Gefüge halten. Man stosse sich nicht an dem Verschwinden jeglicher Elastizität; der Wagen wird sehr ruhig laufen, weil er auf einer festen Unterlage rollt.

Ein Beharrungsvermögen des Oberbaues ist aber nur dadurch erreichbar, dass man ihn an ein Fundament bindet. Dasselbe kann entweder aus zwei durchlaufenden, in den Unterbau versenkten Längsmauern oder aus einem Roste bestehen; auf Dämmen, wo man das Fundament nicht in gewachsenen Boden legen kann, muss es mächtiger sein als in Einschnitten.

Was den Unterbau anbelangt, wäre zu erwähnen, dass man keine hohen Dämme aufführen soll, weil sie auch nach mehreren Jahren nicht zur Ruhe kommen und keine genügend sichere Unterlage für den Oberbau abgeben.

Für die Kunstbauten ergeben sich im allgemeinen günstigere Konstruktionsbedingungen als für Dampfbahnen, da wegen des Einzelverkehrs nur auf eine Belastung durch zwei sich begegnende Wagen, d. h. ca. 120 Tonnen, zu rechnen ist; dagegen wird man die aussergewöhnlich heftige Beanspruchung zu berücksichtigen und eine genügende Steifigkeit anzustreben haben. Die Anwendung von Viadukten wird sich in weit grösserem Umfange notwendig erweisen als bei Dampfbahnen, zunächst schon deshalb, weil, wie bereits erwähnt, den hohen Dämmen nicht jene Stabilität zuzumuten ist, die im Interesse der Verkehrssicherheit als unbedingt nötig erscheint; aber auch wegen der Kosten der Herstellung muss man statt hoher Dämme Viadukte bauen. Dies erhellt aus folgenden Umständen:

Der Einzelwagenverkehr bedingt, dass längere Linien stets zweigeleisig ausgeführt werden; denn an die Einfügung von Ausweichen mit Wechseln ist gar nicht zu denken, weil einerseits durch Ausweichen (Haltestellen) bedeutende Zeitversäumnisse im Verkehre erwachsen, die unter allen Umständen zu vermeiden sind, und weil andererseits die Wechsel auch bei der besten Konstruktion immer Veranlassung zu unangenehmen Zwischenfällen bieten. Da wir aber auch die Weichen mit einer grossen Geschwindigkeit befahren müssten, würden die Gefahren sich potenzieren. Derlei Bahnen zweigeleisig zu bauen, ist eine unausweichliche Notwendigkeit und könnte man hiervon nur auf kurzen Linien abgehen, auf welchen ein einziger Wagen rollt.

Die beiden Geleise müssten mindestens 10 *m* von einander entfernt sein, weil bei Begegnung zweier Wagen sehr bedeutende Luftströmungen entstehen und der Stoss, den die begegnenden Wagen einander erteilen, bei geringerer Entfernung gefährlich werden könnte. Die Geleisentfernung von 10 *m* würde nun bei höheren Dämmen eine so gewaltige Erdbewegung veranlassen, dass die Kosten sich höher stellen als jene zweier selbständiger, in 10 *m* Entfernung parallel verlaufender Viadukte.

Der Bahnabschluss muss selbstverständlich ein vollständiger sein. Wegübergänge im Bahnniveau sind ausgeschlossen; es müssen alle Wegkreuzungen mit Über- oder Unterführung hergestellt werden. Die Geleise dürfen nur für das Bahnpersonal zugänglich sein. Um den Bahnarbeitern die Reinigungsarbeiten zu erleichtern, sind die Fundamente des Oberbaues 500 *mm* über die Unterbau-Nivelette hinaufzuführen und hierdurch vorzubereiten, dass der sich ansetzende Schnee von dem jeden Wagen begleitenden heftigen Luftstrom teilweise weggeblasen wird.

Eine grosse Sorgfalt muss, wie schon erwähnt, dem Signalwesen zugewendet werden. Da die Möglichkeit eintreten kann, dass das Streckenpersonal einen Wagen in seinem Laufe auch dann sicher anhalten muss, wenn der Wagenführer die Signale nicht bemerkt, sind die Signale »aktiv« zu gestalten, d. h. jedes gegebene Signal muss gleichzeitig auf die Stromverhältnisse in den Stromschienen den dem Signal entsprechenden Einfluss nehmen.

Ausserdem sind noch notwendig: Stationsdeckungssignale, Telephonverbindung aller Wächterstationen unter einander und verschiedene andere Signale.

Die zur Fortbewegung eines Wagens von ca. 60 *t* Gewicht und von einem Querschnitt von nahezu 5 qm notwendige Kraft ist sehr bedeutend, und es ist vorweg einleuchtend, dass der weitaus grösste Teil der Kraft auf die Überwindung des Luftwiderstandes entfällt.

Man kann darauf rechnen, dass der Luftwiderstand bei gut gebauten Wagen für 200 km mittlerer Fahrgeschwindigkeit nicht mehr als 250 PS beträgt.

Wenn starke Steigungen ($10^0/_{00}$) noch mit der mittleren Geschwindigkeit befahren werden sollen, so ergeben sich für einen 60 t wiegenden Wagen nahezu 450 PS für den Widerstand der Steigungen.

Noch sind zu rechnen Kurvenwiderstand, Luftreibung der Wände, rollende Reibung, Zapfenreibung, Effektverluste durch Pendelbewegung u. s. w., welche sich wohl wegen Mangel an Erfahrungen nicht genau berechnen lassen, jedenfalls aber im Vergleiche zu den beiden obigen Zahlen sehr gering ausfallen und mit 100 PS sehr reichlich angesetzt sind.

Das Maximal-Krafterfordernis eines Wagens ist demnach 800 PS und wäre jeder Wagen demgemäss mit vier Stück Elektromotoren à 200 PS effektive Leistungsfähigkeit auszurüsten. Ein Wagen wird daher in der Horizontalen und bei günstigen Witterungsverhältnissen ungefähr 260 000, in Steigungen jedoch bis 600 000 Watt verbrauchen.

Wenn vielleicht auch die Linie Wien-Budapest geeignet ist, neben den vorhandenen Bahnlinien eine derartige Anlage rentabel zu machen, was übrigens mehrfach bezweifelt worden ist, so dürften sich heutzutage wenige Linien finden, welche annähernd so gut geeignet wären, plötzlich neuen Betrieb einzuführen; vielmehr muss man damit rechnen, dass allmählich ohne grosse Umbauten der elektrische Betrieb mit der Zeit auf den im Betrieb befindlichen Linien eingerichtet werden kann. Dass man dabei mit Geschwindigkeiten von 250 km in der Stunde nicht rechnen darf, ist ohne weiteres klar und erhellt auch aus den Erörterungen des vorstehenden Projektes Wien-Budapest. Es muss vielmehr versucht werden, mit wenig höherer Geschwindigkeit, als jetzt auf den bestehenden Geleisstrecken üblich ist, zu fahren und eine Verkürzung der Fahrzeit dadurch zu erzielen, dass die Aufenthalte auf ein Minimum beschränkt werden oder ganz fortfallen. Es sind Geschwindigkeiten mit Dampflokomotiven in England zu verzeichnen, welche 110 km in der Stunde betragen. Der englische Oberbau, der bekanntlich stärker als der des Festlandes ist, kann mit geeignet konstruierten Lokomotiven ausnahmsweise wohl mit solchen Geschwindigkeiten befahren werden. Die durchschnittliche Geschwindigkeit aller unserer kontinentalen Züge dürfte aber 50 bis 60 km nicht überschreiten, abgesehen von den noch vereinzelt vorkommenden schnellen D-Zügen der letzten Jahre. Wählt man daher als vorläufige mittlere Geschwindigkeit 100 *km* in der Stunde und sucht man das neue elektrische Bahnsystem so einzurichten, dass Aufenthalte weder an kleineren noch an grösseren Stationen nötig werden, was ja auch durch die Eigenart des elektrischen Betriebes gerechtfertigt wird, so dürfte man für die nächsten Decennien alles das erreicht haben, was das Verkehrsbedürfnis mit sich bringt. Dieses Übergangsstadium bereitet ohne weiteres den reinen elektrischen Betrieb vor, der schliesslich im Laufe der Jahre eine bedeutend höhere Geschwindigkeit zulassen wird, sofern sich die kulturellen Aufgaben der reisenden Welt in demselben Masse gesteigert haben sollten, wie es in den letzten Jahrzehnten dieses Jahrhunderts der Fall gewesen ist. Wenn wir uns die belebtesten und mit schnellfahrenden Zügen versehenen Strecken betrachten, so möge z. B. Berlin-Köln als eine von denjenigen bezeichnet werden, welche sich für den elektrischen Betrieb eignen. Wenn eine derartige Strecke den neuen Betrieb aufgenommen haben wird und die auf dieser Strecke überflüssigen Betriebsmittel auf anderen Linien zweckentsprechende Verwendung gefunden haben werden, so wird selbst der peinlichste Nationalökonom an dem Gelingen eines Zukunftssystemes nicht zweifeln wollen.

Die neueren Schnellzüge werden bekanntlich mit den 4 achsigen Durchgangswagen (Harmonikawagen genannt) ausgerüstet und eignen sich diese Wagen ganz vornehmlich für den schnelleren Betrieb und für das in Aussicht genommene Übergangsstadium zum reinen elektrischen Betriebe, unter welch letzterem verstanden wird, dass alle Wagenachsen durch Elektromotoren angetrieben werden, während zunächst nur ein Wagen das Lokomotivgewicht und deren Zugkraft ersetzen soll. Die Strecke Berlin-Köln über Hannover wird heutigen Tages sowohl von Schnellzügen als auch von Personenzügen täglich befahren, zu deren Bewältigung eine bestimmte Anzahl Wagen und Lokomotiven erforderlich ist. Wird nun aber die Strecke durchweg nur von Schnellzügen befahren, deren Einrichtung so getroffen ist, dass der Verkehr von jeder Stadt zu jedem Zuge voll aufgenommen werden kann, so ist mit weniger Betriebsmitteln — und wir wollen als Anhalt die Hälfte annehmen, welche sich noch genauer aus später folgender Berechnung ergeben wird — die gleiche Personenanzahl von Berlin nach Köln bezw. von und zu den Zwischenstationen zu bewältigen. Der Wert des überschiessenden Teiles an Lokomotiven und Wagen wird hinreichen, um die Centralstation und die Leitungsanlagen für elektrischen Betrieb herzustellen, ohne dass jetzt schon mit Ersparnissen im Betriebe selbst gerechnet werden soll.

Ein elektrischer Schnellzug, wie ihn die Fig. 4 zeigt, soll folgende

— 34 —

Fig. 4.

Zusammensetzung haben: Der erste Wagen hat auf jeder Achse einen Elektromotor, der an Arbeitsleistung einmal den Adhäsions-Verhältnissen dieses Wagens entspricht und zweitens für die sämtlichen angehängten Wagen entsprechende Zugkraft besitzt. Die angehängten 2—3 Wagen enthalten die übliche Einrichtung für die Fahrgäste, ähnlich den bekannten D-Zügen. Im besetzten Zustande weisen dieselben ein Gewicht von je 33 t auf.

Dieser Zug soll mit einer Geschwindigkeit von 100 km in der Stunde fortbewegt werden. Der die Dampflokomotive ersetzende Motorwagen enthält Raum für den Zugführer und ferner den Gepäck- und Postraum, d. h. also dieselbe Einrichtung, die heute der notwendige Beiwagen des Harmonikazuges Berlin-Köln, Berlin-Hamburg u. s. w. besitzt. Das Gewicht dieses Wagens, einschliesslich der 4 Motoren, welche mit den Achsen direkt gekuppelt sind, beträgt 40 Tonnen. Die Adhäsion zwischen den Rädern der Schiene unter den herrschenden Druckverhältnissen vermag etwa 650 kg Zugkraft auszuüben, so dass für Fortbewegung dieses Zuges auf der horizontalen Strecke und in geringen Steigungen die Adhäsion vollständig genügt. Die Arbeitsleistung des Lokomotivwagens ist jederzeit zu erreichen, wenn die Adhäsionsverhältnisse genügen.

Der Vorteil dieses Zuges gegenüber den Harmonikazügen

mit Dampfbetrieb ist zunächst der, dass der Zug an und für sich um fast das ganze Lokomotivgewicht, also um ca. 40 t, leichter wird, mithin eine spezifisch geringere Arbeitsleistung beansprucht, und dass alle diejenigen schädlich einwirkenden, durch die hin und her bewegten Massen der Lokomotive bedingten Bewegungen der Dampflokomotive fortfallen und somit das Geleise durch die rotierenden Massen der Elektromotoren wesentlich günstiger beanspruchen. Es wird dadurch ermöglicht, auf dem heutigen Oberbau, welcher für Dampfbetrieb an der Grenze seiner Leistungsfähigkeit angelangt ist, die grosse Geschwindigkeit von durchschnittlich 100 km in der Stunde ohne jedes Bedenken durchzuführen. Der so beschriebene Zug erhält seinen elektrischen Strom durch direkte Leitung zugeführt, welche entweder neben dem Geleise erhöht, oder über dem Geleise oder nach anderen noch zu erfindenden Methoden an dem Bahnkörper entlang geführt wird. Hier bietet sich dem Erfinder und Konstrukteur noch reichlich Gelegenheit zu fruchtbarer geistiger Bethätigung seiner Talente, da bis heutigen Tages die Frage der günstigsten Stromzuführung für Fernbahnen noch nicht vollständig gelöst ist. Zum grössten Teile mag diese Unfertigkeit noch daher rühren, dass das Bedürfnis dafür noch nicht vorhanden war. Die Lösung der Aufgabe ist wahrlich nicht so schwer, wie es, den fehlenden Thatsachen nach zu urteilen, erscheint.

Die Umsetzung der Elektrizität durch die Motoren in mechanische Arbeit ist uns Allen bekannt. Die z. Z. in hoher Blüte stehenden elektrischen Strassenbahnen lehren es uns täglich. Der Betriebsstrom wird durch sogenannte Kraftstationen, die in der üblichen Weise mit Dampf betrieben werden, erzeugt. Ob der Betriebsstrom, der heute fast für alle Bahnen der Gleichstrom ist, auch für die Fernbahnen der übliche sein wird, oder ob ein- oder mehrphasiger Wechselstrom durchgehend Anwendung finden wird, braucht in dieser Abhandlung nicht näher ergründet zu werden, da er keinen wesentlichen Einfluss auf die Durchführbarkeit elektrischer Bahnen ausüben wird.[1]) Jedoch wird man schon heute voraussagen können, dass der rationellste Betrieb mit leicht transformierbarem Strome erfolgen wird, um die Kraftstationen in möglichst weiter Entfernung von einander projektieren zu können. Dass man diese Kraftstationen zugleich mit Werken in Verbindung bringen wird, die an den Orten ihrer Aufstellung noch lukrative Nebengeschäfte, wie Beleuchtung der Städte und Ortschaften, Kraftabgabe an dieselben und andere

---

[1]) Über diese Frage giebt der z. Z. in Bearbeitung befindliche II. Teil des Werkes »Bau und Betrieb elektrischer Bahnen« von demselben Verfasser näheren Aufschluss.

der Elektrizität vorbehaltene Arbeitsgebiete mit übernehmen werden, ist zunächst anzunehmen und wird sich bei der Ausführung wohl immer befürworten lassen. Das Gesagte dürfte zunächst genügen, um auf die Beschaffenheit der Betriebsmittel in grossen Umrissen hinzuweisen. Wenn wir nun annehmen wollen, dass solche aus 3—4 Wagen bestehenden Züge dem durchschnittlich erprobten Verkehrsbedürfnisse zwischen Berlin und Köln genügen, so könnte der Vorschlag berechtigt sein, diese Züge von Berlin bis Köln glatt durchlaufen zu lassen, da weder ein Wasser- und Kohlennehmen der

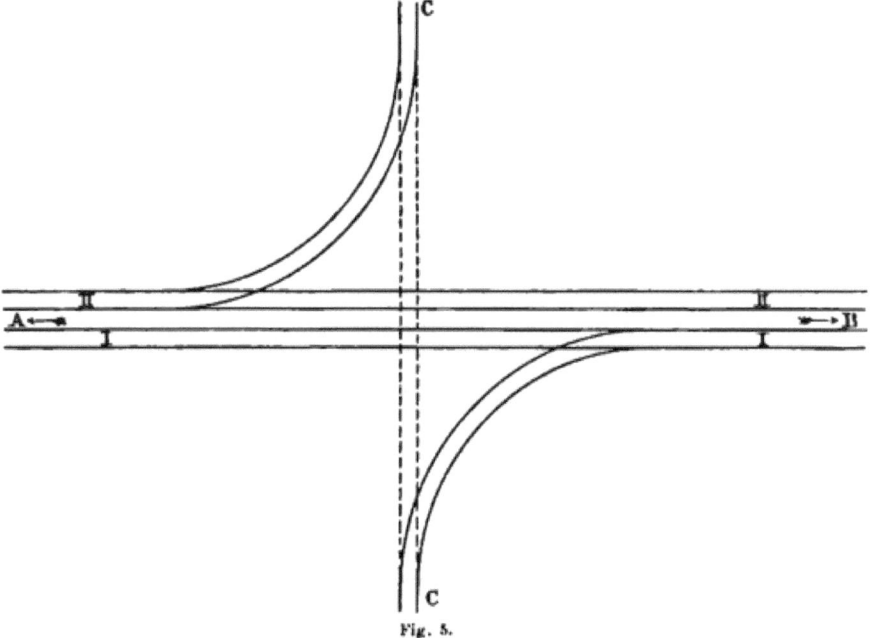

Fig. 5.

Lokomotive nötig ist, noch ein Auswechseln des Motorwagens sich erforderlich macht, noch der Fahrgast bei der guten leiblichen Bewirtung in den heutigen Harmonikazügen das Bedürfnis empfinden wird, den Zug eher zu verlassen, als bis er an seinem Bestimmungsorte angelangt ist. Einem derartigen Zuge würde nichts im Wege stehen, die 590 km lange Strecke in kaum 6 Stunden zu durchlaufen, während heute der schnellste Zug 10 Stunden für diese Strecke benötigt. Nun berührt aber dieser Zug eine Menge Orte, deren Reisende ebenfalls an das Endziel oder einen Zwischenpunkt der

Strecke Berlin-Köln auf dem schnellsten Wege gelangen wollen. Nach den heutigen Gepflogenheiten führt ein auf demselben Geleise fahrender Vorort- oder Personenzug die Fahrgäste zu den grösseren Städten, welche der Schnellzug aufenthaltnehmend berührt. An diesen Orten steigen die für den Schnellzug bestimmten Fahrgäste in denselben über. Wenn man bedenkt, dass die Aufenthalte in dem schnellsten Zuge Berlin-Köln etwa $^3/_4$ Stunden betragen, so liegt der Gedanke nahe, durch einen im elektrischen Betriebe äusserst günstigen Zwischenbetrieb jeglichen Aufenthalt zu vermeiden. Da der elektrische Bahnbetrieb es leicht ermöglichen lässt, jede Wagenachse durch einen Elektromotor selbstbewegend zu machen, und da fernerhin die Regulierung eines Elektromotors sehr fein die Geschwindigkeit einstellen lässt, um z. B. einen in Fahrt befindlichen Zug langsam einzuholen und sich diesem anzukuppeln, finden wir in dieser Eigenschaft die Möglichkeit, die Fahrgäste aller Zwischenstationen während der annähernd vollen Zugsgeschwindigkeit von 100 km dem eigentlichen Durchgangszuge zu übermitteln. Zu dem Zwecke denken wir uns die von Berlin-Köln durchgeführte zweigeleisige Strecke an allen nennenswerten Stationen mit Abzweiggeleisen eingerichtet, wie es durch Fig. 5 näher angedeutet wird. Die in grossem Radius abgehenden Kurvengeleise führen in die Nähe der Stadt, können sogar innerhalb der Stadt in Strassengeleise oder Hochbahngeleise übergeführt werden, während auf dem geraden Geleise der Hauptzug weiter fährt und ohne Aufenthalt seinem Endziel an der Landesgrenze oder der Reichshauptstadt entgegeneilt.

Die Kurvengeleise sind unter sich so verbunden zu denken, dass Kreu-

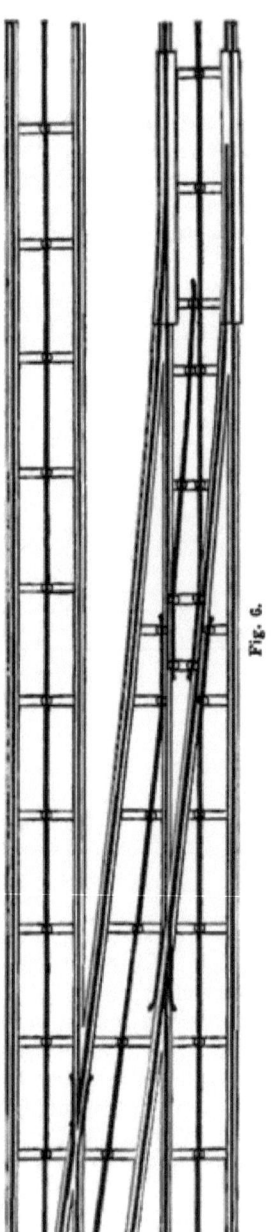

Fig. 6.

zungen mit den Hauptgeleisen nicht stattfinden. Die durchgehenden Hauptgeleise werden vielmehr nur mittels Unterführungen oder Überführungen (Tunnel oder Viadukt) überschritten. Das in der Fig. 5 punktierte Geleise stellt diese Verbindung dar. Durch Fig. 6 ist ein Geleiswechsel auf der geraden Strecke gekennzeichnet, für den Fall, dass es nötig wird, die Hauptgeleise mit einander direkt zu verbinden. Beide Figuren zeigen deutlich, dass bei den hohen Geschwindigkeiten alle Weichen nur von hinten befahren werden sollen und nicht gegen die Spitze, wodurch Unfälle bei falscher Weichenstellung vermindert werden. Auf den Kurvengeleisen verkehren Motorwagen, welche wir uns annähernd so konstruirt denken, wie die elektrischen Strassenbahnwagen. Vor allen Dingen sind diese Anschiebewagen in Länge, Gewicht und innerer Ausstattung so eingerichtet, dass sie zeitweise dem eigentlichen Fernzuge angehängt werden können, zum Zwecke, die in der Stadt angesammelten Fahrgäste während der Fahrt dem Durchgangszuge zu überführen. Es werden also die Stirnseiten dieses Wagens ähnliche Einrichtungen haben müssen wie die Stirnseiten des Fernzuges. Ferner wird man den Wagen mit Kuppelungen zu versehen haben, welche womöglich selbstthätig bei Einholen und Berühren des voranfahrenden Zuges sich in denselben einlegen, um ein sicheres Überführen der Fahrgäste mittels einer fliegenden Verbindungsbrücke mit Lederbälgen und Geländern bewerkstelligen zu können. Hat dieser »Ortswagen« die Fahrgäste des Ortes an den »Haupt-Fernzug« abgegeben, so können andererseits die im »Haupt-Fernzuge« befindlichen Fahrgäste, die in den betreffenden Zwischenstationen absteigen wollen, während der Fahrt auch von diesem »Anhängewagen« oder »Anschiebewagen« aufgenommen werden, der nach Erledigung dieses Austausches vom Zuge losgekuppelt wird und auf dem Kurvengeleise der nächsten Station rückwärts wieder in die betreffende Stadt zurückfährt. Dort werden die Fahrgäste in den einzelnen Strassen verteilt, ohne dass besondere Empfangsbauten nötig wären. Es würden sich bei dieser Anordnung des Zugverkehres sogar die prunkvollen Bahnhöfe in den Zwischenstationen vollständig erübrigen lassen. Man wird es in der Hand haben, die Hauptgeleise ausserhalb der Städte vorbeizuführen und nur mit den Abzweiggeleisen das Stadtinnere zu berühren. Bei der gewählten Geleisanordnung wird es ermöglicht, dass ein und derselbe Anschiebewagen immer nur den Lokalverkehr zwischen zwei Stationen vermittelt und zwischen den betr. Stationen als Teil des Fernzuges fungiert. Zur Erläuterung diene das Folgende: Der Hauptzug mit dem angehängten Stationswagen komme aus Station A auf dem Geleise I und fahre nach B. Der Stationswagen wolle nach Station C; er hängt sich daher am Kurvengeleise I ab und fährt rückwärts in die Station C ein. Nach Absetzen der Fahrgäste und Wiederaufnahme der Rückfahrgäste fährt der Einzelwagen auf dem punktierten Geleise nach der anderen Seite des Bahnkörpers, um durch das Kurvengeleise II nach dem Hauptgeleise II zu gelangen und sich dem rückfahrenden Fernzuge bis nach der Station A anzuhängen, woselbst die gleiche Umrangierung erfolgt. Es hat dieses Fahrgäste-Überführungs-System grosse Ähnlichkeit mit dem An- und Abbooten bei Schiffen und findet hierin einen uns nicht unbekannten Vergleich. Als Bahnbetrieb ist aber diese Art der Fahrgast-Überführung vollständig neu und dürfte dadurch eine besondere Aufmerksamkeit für sich in Anspruch nehmen. Eine Schwierigkeit liegt vielleicht nur in den selbstthätigen Kuppelungen, für die ein Bedürfnis herrschen würde, während heute die Bestrebungen auf Konstruktion selbstthätiger Kuppelungen mehr einen Bequemlichkeitsgrund haben. Es ist eine alte Erfahrung, dass Erfindungen erst dann gemacht werden und erst dann gut gemacht werden, wenn deren unabweisbares Bedürfnis vorhanden ist. Bei elektrischem Betriebe liegt natürlich der Gedanke nahe, die Kuppelungseinrichtungen elektromagnetisch einzurichten, und in der That lassen sich auch hierfür wieder einfache Konstruktionen finden, ebenso wie es ermöglicht worden ist, mit den einfachsten Mitteln äusserst wirksame elektromagnetische Bremsen an den Wagenachsen und Rädern anzubringen und zu verwenden.

Es dürfte dem Leser interessant sein, zu erfahren, wie man sich eine derartige magnetische Wagenkuppelung zu denken hat, wenn der anzukuppelnde Wagen (Anschiebewagen) während der Fahrt sich seinem vorderen Wagen innig und stossfrei anschmiegen soll. Man denke sich zu diesem Zwecke unsere heutigen Puffer mit einem isolierten Drahte umwickelt, der von einem Strome bestimmter Stärke durchflossen wird. Wählt man die Polarität der beiden Kuppelungen derartig, dass die Puffer des Anschiebewagens mit ihren magnetischen Polen auf die ebenfalls magnetisierten hintersten Puffer des Hauptzuges anziehend einwirken, so wird beim Ankuppeln eine Anziehung der Puffer stattfinden. Beim Abkuppeln werden durch Abschalten des magnetisierenden Stromes entweder die Kuppelungen magnetlos werden oder bei geeigneter Schaltung einander abstossen; es würde sodann die lebendige Kraft des zurückfahrenden Anschiebewagens gleichsam dem weiterfahrenden Zuge übertragen werden und eine Bremsung des zurückbleibenden Wagens erreicht werden. Es wird nun darauf ankommen, die Magnetisierung der Puffer so stark zu machen, dass die differierenden Zugkräfte des angekuppelten und des anzukuppelnden Wagens durch die magnetische Anziehung der Pufferpole ausgeglichen werden. Selbstverständlich wird man der Sicherheit halber noch die mechanischen Kuppelungen zwischen den Anschiebe-

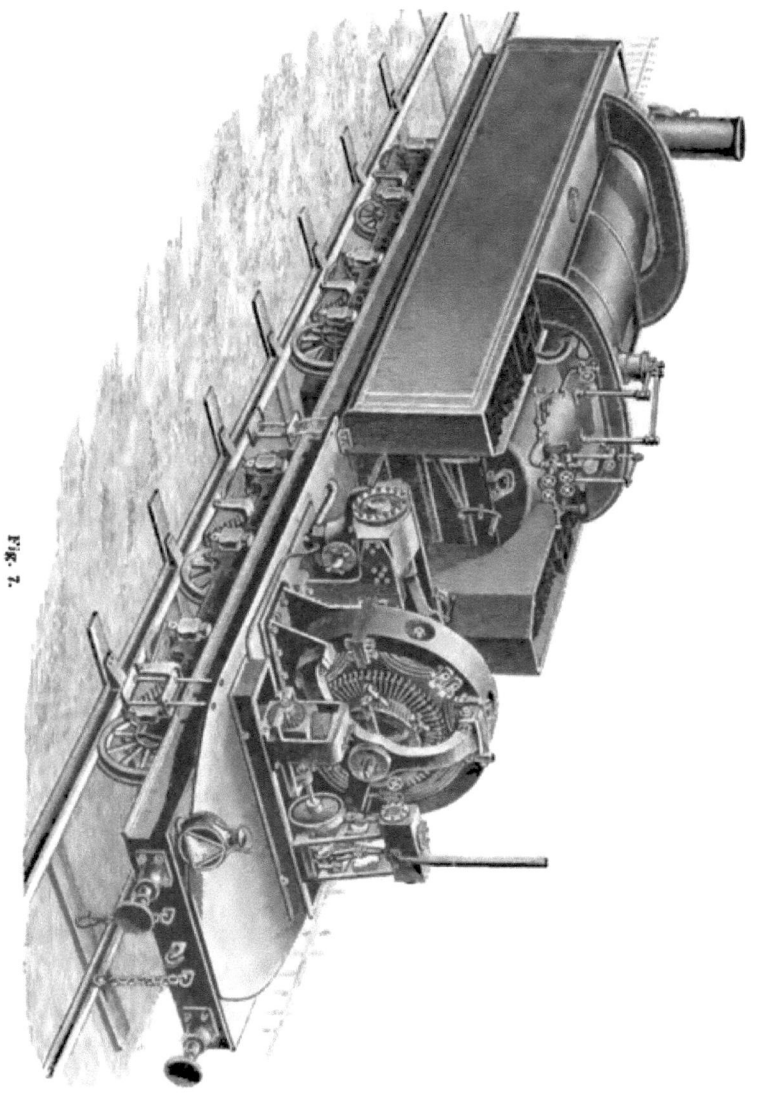

Fig. 7.

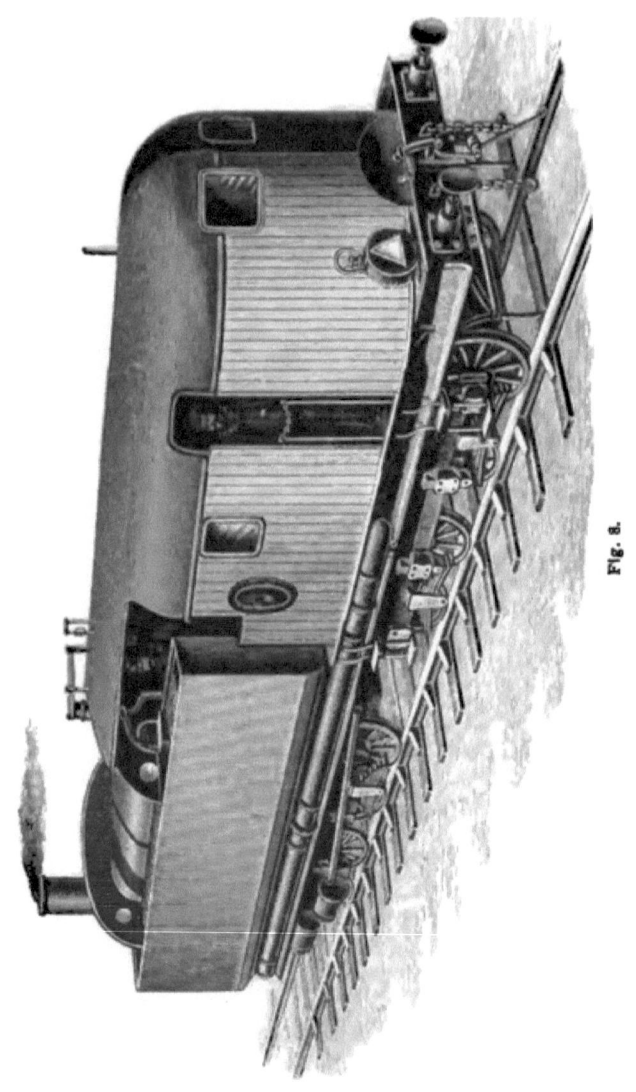

Fig. 8.

wagen so lange festhalten, als Personen über die Verbindungsbrücke hin- und zurückbefördert werden. Nach Aufhören der Fahrgast-Überführung zwischen den beiden letzten Wagen wird man die mechanische Kuppelung zuerst lösen und dann durch allmähliches Abschalten des Puffer-Magnetisierungsstromes ein Loslassen oder durch Umschalten ein Abstossen der magnetischen Kuppelung bewirken.

Ein zwischen Berlin und Köln verkehrender Zug wird je nach der Tageszeit die Einschiebung von Speisewagen erforderlich oder zum mindesten wünschenswert machen. Dass diesem Bedürfnis durch entsprechende Anhängewagen im vollsten Masse genügt werden kann, braucht nach dem Vorstehenden nicht weiter ausgeführt zu werden.

Wir müssen uns von vornherein mit dem Gedanken vertraut machen, dass ein An- und Abkuppeln der Wagen bei nahezu 100 km Geschwindigkeit keinen Hindernissen begegnet und dadurch die Einführung dieses Systemes ermöglicht wird.

Zu den Annehmlichkeiten des schnellen Verkehres kommen noch diejenigen Forderungen des fahrenden Publikums, welche bei unserem heutigen Dampfbahnsystem noch nicht genügend berücksichtigt werden können, und das sind: Rauchlosigkeit, Vermeidung von Russ, Staub und Schmutz in den Wagen, ruckfreies und stossfreies Fahren, gute Beleuchtung in den Abendstunden und leicht regulierbare Heizung. Alle diese Wünsche des durch die Kulturfortschritte begehrlich gewordenen Fahrgastes sind durch den elektrischen Betrieb leicht erfüllbar und werden sicherlich diesem verheissungsvollen Systeme die Wege ebnen helfen.

Falls wir uns noch nicht sofort mit dem hier geschilderten Systeme befreunden können, so sei es gestattet, noch einmal auf die in letzter Zeit vielfach erwähnte Heilmann'sche Lokomotive zurückzugreifen, welche entschieden als ein Übergangsstadium zum reinen elektrischen Betriebe betrachtet werden kann und hierbei sicherlich noch eine grosse Rolle spielen wird. Die Heilmann'sche Lokomotive ist eine fahrbare elektrische Kraftstation, d. h. es befindet sich ein Kessel, eine Dampfmaschine und eine Dynamomaschine auf einem langen Wagengestell montiert. Dieses ist auf 2 Drehgestellen gelagert, deren Laufachsen sämtlich durch Elektromotoren angetrieben werden, die ihren Strom von der Wagen-Dynamomaschine erhalten. In der Fig. 7 ist eine Heilmann-Elektrolokomotive in abgedecktem Zustande, in Fig. 8 in halb geschlossenem Zustande dargestellt. Wenn wir nun annehmen wollen, dass für den durchgehenden Zug eine derartige Lokomotive schon genügen könnte, so wären wir über die zunächst finanziellen, Schwierigkeiten hinweg, besondere Kraftstationen für Strecken zwischen den Städten vorzusehen. Es müssten dann die Anschiebewagen mit Akkumulatoren versehen werden, um ohne direkte Zuleitung auf den Stadtgeleisen und auf den Übergangskurvengeleisen betrieben werden zu können. Die Zuführung von Wasser und Kohle für die Heilmann'sche Lokomotive bliebe alsdann ebenso bestehen wie bei unseren heutigen Dampflokomotiven.

b) Der Güter-Verkehr.

Es ist nun wünschenswert, dass auf der beschriebenen elektrischen Strecke auch der Güterverkehr allmählich in elektrischen Betrieb übergeleitet wird. Hier stellen sich bei den herrschenden Anschauungen scheinbar die grössten Schwierigkeiten in den Weg, weil gerade für den Güterverkehr die Dampflokomotive fast unbesiegbare Vorteile dem elektrischen Betriebe gegenüber zu haben scheint. Man kann sich für unsere Dampflokomotive keine bessere Ausnutzung denken als einen langen und langsam fahrenden Zug. Die heutigen Güterwagen sind im allgemeinen für hohe Geschwindigkeiten nicht eingerichtet; es darf das aber kein Grund sein, anzunehmen, dass man sie nicht dafür einrichten könnte. Man könnte sogar bei Güterschnellzügen die für die Zwischenstationen bestimmten Wagen während der Fahrt ebenso gut an- und abkuppeln, wie dies bei den Personenwagen geschildert ist. Allerdings dürften unter Verwendung der vorhandenen Betriebsmittel — und mit diesen muss man für die nächsten Jahre noch rechnen — nur geringere Geschwindigkeiten vorgesehen werden. Um eine elektrische Güterzuglokomotive für das Übergangsstadium herzustellen, denken wir uns einen auf Drehgestellen ruhenden langen Post- und Gepäckwagen mit Motoren und Schaltapparaten versehen. Die jedem Güterzuge beigegebenen Stückgutwagen werden ebenfalls zu Motorwagen umgewandelt, um die Adhäsion der heutigen Dampflokomotive durch Nutzlastwagen zu ersetzen. Für die Bewegung auf der Strecke bleibt dasselbe massgebend wie bei dem geschilderten Personenschnellzuge. Um die heutigen Güterwagen für den Schnellverkehr brauchbar zu machen, müssten geeignete Umkonstruktionen vorgenommen werden, für welche bereits im ersten Kapitel Vorschläge gemacht worden sind. Das Einbringen und Abholen der von den Zwischenstationen für den Zug bestimmten Güterwagen besorgt wiederum ein entsprechender Motorwagen, welcher ebenfalls befähigt ist, auf den Stadtgeleisen zu verkehren und eventuell direkt in die Fabrikhöfe einzufahren. Die Belastung belebter Strecken wird sich unter Beibehaltung der heute üblichen Fahrpläne für die Ausnutzung der Kraftstationen so gestalten, dass die Stromabgabe für die Strecke eine annähernd konstante ist. Wenn zwischen die Personenzüge lange oder kurze Güterzüge geschoben werden, so wird sich in gleichen Zeitabständen eine gleiche Wagenanzahl auf der bezüglichen

Fahrstrecke aufrecht erhalten lassen. Wird für die Übergangszeit angenommen, dass die von der Hauptstrecke abgehenden Nebenbahnen noch Dampflokomotiv-Betrieb behalten, so sind Schwierigkeiten für die Weiterbeförderung von Personen und Gütern nicht vorhanden. Die Möglichkeit der glatten Weiterbeförderung von Gütern an den Abzweigstellen ebnet dem elektrischen Betriebe in jedem Falle die Wege und bringt uns eher und schneller zu dem rein elektrischen Betriebe, welchen zu beschreiben wir jetzt unternehmen wollen.

Es konnte in dem Vorhergehenden nicht immer vermieden werden, auf die Verhältnisse des reinen elektrischen Betriebes hinzuweisen, da sich das Streben nach einem solchen immer als roter Faden durch den Gedanken spinnt. Dadurch aber ist der geehrte Leser für das nur noch kurz behandelte elektrische Fernschnellbahn-System gewappnet und wird er sich schnell in das Wesen desselben einleben.

III.

Der rein elektrische Betrieb.

a) Allgemeiner Verkehr und Transport.

Wenn wir in das Zeitalter der rein elektrisch betriebenen Bahnen gekommen sein werden, so dürfte, heutiger Voraussicht nach, ein Betrieb eingerichtet sein, der die grösste Ähnlichkeit mit städtischen Strassenbahnbetrieben hat. Es liegt bei elektrischen Betrieben auch kein Grund vor, in langen Zügen selten zu fahren, weil jeder Wagen und jede Achse lokomobil gemacht werden kann, ohne dass der Nutzeffekt der Motoren annähernd so schlecht wäre, als würde man den Wagen mit kleinem Dampfmotor versehen. Dampflokomotiven arbeiten nur rationell, wenn sie gross sind, Elektromotoren dagegen arbeiten in jeder Grösse wirtschaftlich. Ebenso wie man beim Strassenbahnbetrieb keine minutlichen Fahrpläne besitzt, dieselben auch vollständig entbehren kann, weil man weiss, dass alle 5 oder 10 Minuten ein Wagen kommt und geht, so erscheint es auch für den elektrischen Fernbahnbetrieb sehr einleuchtend, solch einfache Fahrpläne einzurichten. Der Verkehr zwischen zwei Städten entwickelt sich je nach dem Verkehrsbedürfnisse zwischen diesen Städten nach $1/2$stündigen, $1/4$stündigen oder geringeren Wagenintervallen, so dass man sich die jetzigen langen Dampfbahnzüge mit Kilometer langen Kuppelungen zwischen den einzelnen Wagen vorstellen muss, um, ins Elektrische übersetzt, die alsdann gültige Wagen- und Zeitfolge zu haben. Jeder Wagen ist mit einem Führer und einem Wagenschaffner versehen und wird durch einen Elektromotor, der an der Laufachse befestigt und wirksam ist, fortbewegt. Der Führer richtet sein ganzes Augenmerk auf den Geleisweg, auf die Signale, auf die Zeit und die Geschwindigkeit, während der Schaffner die Kontrole und die Aufsicht im Wagen führt; beide wechseln mit einander ab, um immer wieder mit frischer Kraft die verantwortungsvolle Führung des Wagens übernehmen zu können. Diese elektrischen Wagen sollen nun ebenso, wie bei dem vorigen Übergangssystem beschrieben, in die Stadt hineinfahren und sollen ebenso die Fahrgäste während der Fahrt in einen von weiter her kommenden und nach weiter entfernteren Orten fahrenden sogenannten Stammzug, der je nach dem Verkehrsbedürfnisse wieder aus 2 oder 3 Wagen bestehen kann, abgeben. Man besteigt und verlässt den Wagen innerhalb der Stadt, wie man gewöhnt ist, die Strassenbahnwagen zu benutzen, und wird in den schnell fahrenden Stammzug ebenso überführt, wie dies vorhin geschildert wurde. Die einzige Vorbereitung des Fahrgastes für seine Reise besteht darin, dass er die an den Stadtwagen befestigten Schilder durchzulesen hat. Aus diesen Schildern ist der Reiseweg des Anschlusswagens bezw. des Stammzuges zu ersehen. Bei unserem hier gewählten Beispiel würde das Wagenschild zu lauten haben: Stammzug: Berlin-Köln, Ortswagen: Spandau-Rathenow oder Spandau-Dallgow, je nachdem der Ortswagen mehrere Stationen am Stammzug angehängt mitfährt oder nur bis zum nächsten kleinen Orte hin und her pendelt. Natürlich wird auch ein engerer Lokalverkehr zwischen den grösseren Ortschaften durchführbar bleiben, um die Hauptzüge zu entlasten. Bedingung bleibt immer, dass alle Züge bezw. Wagen mit gleicher Geschwindigkeit fahren. Aus in den Wagen ausgehängten Tabellen und Situationsplänen ist ferner zu ersehen, welche Strecke von dem Zuge durchfahren wird, wie die Zwischenstationen auf einander folgen und wann der Zeitpunkt für das Aussteigen u. s. w. gekommen ist. Ein Anschluss an sich kreuzende oder endende Bahnen ist ohne grosse Vorkenntnis zu erlangen, wenn auch auf diesen ein rein elektrischer Verkehr eingerichtet sein wird.

Einen Unterschied zwischen Schnellzügen und langsam fahrenden Zügen darf es in Zukunft nicht mehr geben, denn dieser Unterschied wird unzeitgemäss. Es erscheint auch heute schon ungerecht, dass ein Fahrgast im Schnellzuge teurer fährt als im Bummelzuge, da, wie wir bereits wissen, das viele Anhalten der Züge sehr viel Geld kostet und das Schnellfahren, oder besser gesagt das Wenigaufenthaltmachen, bei weitem billiger zu stehen kommt. Ferner kommt schon heute der Umstand in Betracht, dass die schneller fahrenden Züge ihre Betriebsmittel bedeutend besser ausnutzen als die Bummelzüge. Aber trotzdem die höheren Schnellzugspreise! —

Ein Verpassen von Anschlüssen, wie wir es heutzutage leider noch recht oft erleben, wird zur Unmöglichkeit werden, weil die Wagen einander in kurzen Zwischenräumen folgen. Ebenso fällt das so überaus lästige Rangieren von Wagen gänzlich fort, da sich jeder Wagen selbst fortbewegen kann.

Rechnen wir mit der angenommenen Geschwindigkeit von 100 km in der Stunde, so drängt sich uns die wichtige Frage auf, ob es in Zukunft noch nötig sein wird, während der Nachtstunden den

Personenverkehr fortzusetzen. Man sollte wohl annehmen, dass der Reisende, wenn er in den Tagesstunden von 6 Uhr früh bis 12 Uhr Nachts, also während 18 Stunden, im Eisenbahnwagen gesessen und dabei 1800 km (mehr als durch ganz Deutschland in seiner längsten Ausdehnung) zurückgelegt hat, das Bedürfnis nach Schlaf im feststehenden Bette im vollsten Masse empfinde. Das selbst im heutigen Schlafwagen nervenunwürdige Schlafen wirkt nicht beruhigend auf die Geisteskräfte des Reisenden, so dass ein Vorteil des Nachtreisens eigentlich nicht vorhanden ist. Wer späterhin sehr lange Reisen machen muss, fährt früh um 6 Uhr vom Anfangspunkt fort, hört um 12 Uhr auf, übernachtet in dem Orte, der von dem betr. Zuge um 12 Uhr Nachts erreicht wird, und fährt den nächsten Tag wieder um 6 Uhr weiter. Eine besonders bequeme Hoteleinrichtung wird sich bei diesem Reisesystem entwickeln müssen. Zwischen 12 Uhr Nachts und 6 Uhr früh befindet sich nirgends ein Personenwagen in Bewegung; dagegen kann während der 6 Nachtstunden derjenige Güterverkehr abgewickelt werden, der am Tage zwischen den Personenzügen nicht bewältigt werden konnte. Auch hierbei ist zu bedenken, dass in den 6 Nachtstunden ein Weg von 600 km zurückgelegt werden kann, der der 24stündigen Güterzugsleistung heutigen Tages mindestens gleichkommt.

b) Fahrkarten.

Die heute noch überall vorkommenden Übervorteilungen bei unrichtig und nicht ganz zweckmässig gelösten Fahrkarten können vollständig in Wegfall kommen, wenn man ein System von Fahrkarten einführt, welches auch wieder dem Fahrkartensystem auf den Strassenbahnen nachgebildet ist, indess vor allem eine Verbilligung des Reisens überhaupt im Gefolge haben muss, wenn annähernd die Vorteile des einfachen elektrischen Betriebes ausgenutzt werden sollen. Es dürfte sich hierzu am allerbesten ein Fahrkartensystem, welches nach durchfahrenen Kilometern einzuteilen ist, eignen, wenn man sich durchaus nicht mit den Vorschlägen des Tarifreformators Engel vertraut machen kann. Das Hauptprinzip für die Einrichtung der Fahrkarten muss das der Einfachheit bleiben, ebenso wie die technische Seite des Betriebes Einfachheit und Gleichmässigkeit zur Bedingung hat. Es darf keinen Preisunterschied zwischen schnell und langsamer fahrenden Zügen geben; es dürfen keine Rückfahrkarten, Sommer-, Bade-, Rundreise-, Extrazugkarten u. s. w. bestehen. Eine Zeitungsnotiz, welche beim Schreiben dieser Zeilen die Runde macht, sei hier eingefügt, weil sie das Zeitbedürfnis schon heute klarstellt. Eine weitere Erläuterung erübrigt sich an dieser Stelle, da die nächste Zeit am meisten Gelegenheit geben wird, diesen wichtigen Fortschritt durch die praktische Bewährung zu beleuchten.

»Die Leipziger Handelskammer hat an die königliche Generaldirektion der sächsischen Staatseisenbahnen ein Gesuch um Einführung von Kilometerheften gerichtet. Es heisst unter anderem in dem Schreiben: An den königlich preussischen Minister der öffentlichen Arbeiten ist von 23 preussischen Handelskammern gemeinsam das Gesuch gerichtet worden, in Erwägung zu ziehen, ob es sich nicht empfehle, auf den preussischen Staatsbahnen Kilometerhefte nach dem Muster der im Grossherzogtume Baden seit dem 1. Mai 1895 gebräuchlichen einzuführen. Wir nehmen daraus Veranlassung, das gleiche Gesuch bezüglich der sächsischen Staatseisenbahnen an die königliche Generaldirektion zu richten. Bereits im Oktober 1887, als die Einführung von Kilometerheften zuerst angeregt wurde, haben wir in einer öffentlichen Sitzung diesen für den Handelsstand wichtigen Vorschlag erwähnt und mit Genugthuung davon Kenntnis genommen, dass die Staatsbahnverwaltung in dessen Prüfung eingetreten sei. Im folgenden Jahre haben wir uns eingehender mit der Angelegenheit beschäftigt. Der Ausschuss des Deutschen Handelstages hat inzwischen beschlossen, die Einführung von Kilometerheften bei dem königlich preussischen Minister der öffentlichen Arbeiten durch eine besondere Abordnung zu empfehlen. Damals handelte es sich um einen Vorschlag, dessen Ausführbarkeit in Eisenbahnkreisen noch vielfach bezweifelt wurde, der aber namentlich finanziellen Bedenken begegnete. Jetzt ist die Einrichtung, wenn auch zunächst nur in einem kleinen Gebiete, erprobt. Der Bericht der grossherzoglich badischen Generaldirektion der Staatseisenbahnen hebt nicht nur die günstigen wirtschaftlichen Wirkungen, sondern ganz besonders auch die vorteilhaften finanziellen Ergebnisse hervor. Zweifellos sind die besten Kunden der Eisenbahnen die Geschäftsreisenden; sie reisen mehr als andere Leute, sie benutzen ebensowohl die Nebenbahnen wie die grossen Durchgangslinien, sie bevorzugen nicht die sogenannte Reisezeit, in der die Bahnen zuweilen den Verkehr kaum bewältigen können, sondern im Gegenteile die Monate, in denen andere Leute zu Hause bleiben. Gleichwohl ist auf sie bei den bisherigen Verkehrserleichterungen am allerwenigsten Rücksicht genommen. Die Rückfahrkarten können sie gewöhnlich nicht benutzen, weil die Dauer der Gültigkeit zu kurz ist; die Rundreisehefte sind für sie so gut wie nicht vorhanden, weil sie sich nicht von vornherein an einen bestimmten Reiseplan binden können. Im Widerstreite mit dem kaufmännischen Grundsatze, den besten Abnehmern die günstigsten Bedingungen zu stellen und dadurch den Absatz zu fördern, behalten die Eisenbahnen bisher ihre besten

Kunden ungünstiger als alle anderen. Die Kilometerhefte haben vor
den bisherigen Verkehrserleichterungen den Vorzug, dass sie den
kaufmännischen Grundsätzen besser entsprechen: sie bieten dem,
der die Eisenbahn am meisten benutzt, die grössten Vorteile und
regen dadurch zur Benutzung an; sie beschränken diese Vorteile
nicht auf den einzelnen Reisenden, sondern erstrecken sie auf die
Firma. Für die Bahnverwaltung erleichtern sie den Schalterdienst
und insbesondere das Kassengeschäft; überdies bringen sie sofort
beim Beginne des Jahres grosse Einnahmen, die zinsbar angelegt
werden können. Nach den badischen Erfahrungen ist unseres Er-
achtens die Einführung der Kilometerhefte auf allen deutschen Eisenbahnen nur noch eine Frage der Zeit, und da die königlich sächsische
Verwaltung gewöhnt ist, bei Verbesserungen der Verkehrseinrichtungen
mit in vorderster Reihe zu stehen, so dürfen wir wohl auch in dieser
Beziehung ein baldiges Vorgehen erhoffen. Ob dann nicht andere
Verkehrserleichterungen, wie namentlich die Rundreisehefte, fallen
gelassen werden können, wird Sache weiterer Erwägung sein.« —
So weit die Zeitungsnotiz. — Kilometermarken, welche z. B. in
10 Abteilungen zu je 10 km eingeteilt sind und von dem dienst-
thuenden Wagenschaffner je nach der Anzahl der durchfahrenen
Kilometer abgestempelt und abgenommen werden, ähnlich wie die
Briefmarken der Post, ermöglichen sowohl eine einfache Abrechnung
auf den Tarifbureaux als auch eine einfache Beschaffung für den
Fahrgast. Jede solche Kilometermarke enthält also z. B. 100 km,
kostet 150 ₰ in der 1. Wagenklasse, 100 ₰ in der 2. Wagenklasse.

c) Ausstattung der Züge.

Die 1. Klasse bildet eine Verschmelzung der heutigen 1. und
2. Klasse, hat bequeme Polstersitze, Armlehnen, Spiegel, Thermo-
meter, elektrische Heizung, elektrische Beleuchtung, Uhr, Wandkarten
und Fahrpläne der befahrenen und anschliessenden Strecken. Die
2. Klasse besitzt alles ebenso, die Sitze aber bestehen aus Holz oder
Leder und die Arm- und Kopflehnen sind mit einfachem Lederpolster
versehen. Diese Ausstattung der einzigen beiden Wagenklassen
befriedigt jedes menschliche Gefühl, kostet der Bahn nicht mehr
Anschaffungs- und Unterhaltungskosten als die heutigen vier Klassen
zusammen und bietet dem reisenden Publikum in jedem Falle ein
menschenwürdiges Unterkommen. Stehplätze und ungepolsterte
Bänke sollten bei der heutigen Kulturentwickelung überhaupt nicht
mehr verwendet werden. Selbst die ärmsten Leute besitzen in ihrer
einfachen Wohnung heutzutage ein Sofa und Rohrstühle; warum
sollte die mit hohen Kapitalien ausgestattete Eisenbahn nicht das

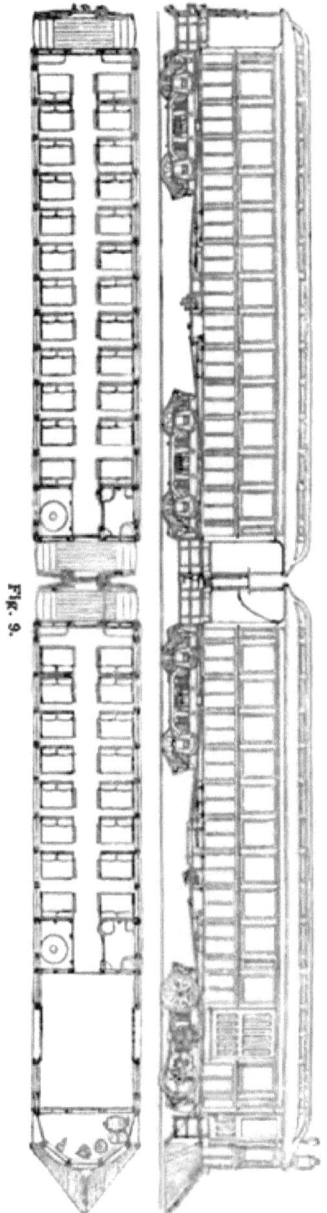

Fig. 9.

geringe Mehr anwenden können, um diese überall gewöhnte Bequemlichkeit dem Menschen zu einer Zeit zu verschaffen, in der die äusseren Verhältnisse weniger beruhigend auf seinen Körperzustand und sein Nervensystem einwirken als in der stillen Wohnung? Wenngleich es besonders bei elektrischen Bahnwagen gelingen wird, ein noch sanfteres Fahren zu erzielen, als es heutzutage möglich ist, so darf man nicht vergessen, dass auch mit der fortschreitenden Technik die Bedürfnisse des Menschen fortschreiten. Alle Wagen der elektrischen Schnellbahn sind so einzurichten wie unsere heutigen Durchgangswagen der Harmonikazüge. Die Fig. 9 zeigt Seitenansicht und Grundriss eines aus zwei Wagen bestehenden elektrischen Fernschnellzuges der Zukunft. Die Wagen haben einen Mittel- oder Seitengang und besitzen ausserdem stets Toilette- und einfache Buffet - Einrichtungen. Im Grossen und Ganzen sind die heute angewendeten vierachsigen Drehgestellwagen schon das Vorbild für die elektrischen Wagen der Zukunft und erübrigt es sich, noch weiter darauf einzugehen. Die Annehmlichkeiten eines solchen Wagens gegenüber den sogenannten Coupéwagen werden die geehrten Leser sicherlich selbst oft genug zu würdigen Gelegenheit gehabt haben. Der einzige Vorteil der Coupéwagen, die schnelle Entleerung auf den Stationen, fällt erstens für Fernzüge überhaupt fort, zweitens aber spielt dies bei dem beschriebenen elektrischen Betriebssystem gar keine Rolle mehr. Eine Füllung und Entleerung der Züge findet nur noch durch die Stirnseite der Wagen statt.

d) Reisegepäck.

Bei dem beschriebenen Zukunfts-System vermisst der Leser eine Beachtung seines Reisegepäckes. Dass wir uns heute betreffs dieser Angelegenheit auch nicht mehr auf der Höhe der Zeit befinden, ist schon von anderer Seite oftmals und gründlich hervorgehoben worden. Es drückt sich in den heutigen Fahrkartensorten manche Ungleichheit aus. So heisst es z. B. bei den Rundreisefahrkarten, dass Freigepäck nicht gewährt wird. Man kann es füglich als eine Ungerechtigkeit gegen die gepäcklosen Fahrgäste bezeichnen, dass man anderen Fahrgästen gestattet, 25 kg Gepäck frei befördert zu erhalten. Es liegt nichts näher, als gleichzeitig bei Einführung eines neuen Betriebes auch in dieser Beziehung Reformen durchzuführen, welche es ermöglichen, den Personentarif um dasjenige Mass zu erniedrigen, das bisher durch die teilweise gewährte Gepäckfreiheit an Betriebskosten verbraucht worden ist. Dass ein Freigepäck von 25 kg den dritten Teil der durchschnittlichen Personenlast ausmacht, darf hierbei nicht unberücksichtigt bleiben, wenngleich das Taragewicht des Zuges im Verhältnis zur Personenlast ein ganz erheblich grösseres ist als im Verhältnis zur Gepäck- und Güterlast. Zu der Gepäckbeförderung kommt die kostenlose Beförderung von der Gepäckaufgabestelle in den Gepäckwagen und zurück, wofür Bedienungsmannschaften stets bereit gehalten werden müssen, ohne ständig genügend ausgenutzt zu werden. Es dürfte daher der Vorschlag besondere Beachtung verdienen, die Beförderung des grösseren Gepäckes gleichzeitig mit der Gepäck- und Briefbeförderung der Post in ganz besonderen Wagen zu bewerkstelligen, welche mit der Personenbeförderung zeitlich und örtlich nicht zusammentreffen. Man vermeidet dadurch alle diejenigen Aufenthalte, welche die heutige Art der Post- und Gepäckbeförderung mit sich bringt. Es hindert auch nichts, diese Wagen mit der gleich hohen Geschwindigkeit fahren zu lassen wie die eigentlichen Personenzüge. Da nun auch diese Gepäckwagen bei durchgehendem Gepäckzuge wieder in der gleichen Weise be- und entladen werden können, wie dies bei der Personenbeförderung vorgesehen wird, so kann die Beförderung ebenso schnell vor sich gehen, wie die Personenbeförderung. Die Abfuhr in den Städten selbst kann alsdann in ähnlicher Weise bewerkstelligt werden, wie der Schnellgepäckverkehr innerhalb grosser Städte schon heute vor sich geht. Auf diese Weise gelangt der Fahrgast schnell in den Besitz seines Gepäckes, ohne den Personenzug damit zu belasten. Selbstverständlich ist hierbei, dass jedes Gepäckstück besonders bezahlt wird, und zwar nach einem Tarife, der an Einfachheit nichts zu wünschen übrig lassen darf. Mit dieser Erleichterung muss auch die fast zur Unart ausgewachsene Handgepäckmitnahme derartig eingeschränkt werden, dass Belästigungen für die mitfahrenden Fahrgäste nicht annähernd in dem Masse eintreten können, wie es heutzutage der Fall ist, wenn z. B. vornehmlich ältere Damen bei einer langen Reise mit Hutschachteln, Regenschirmen, Koffern, Taschen und anderen Haus-, Küchen- und Hofgeräten die Wagenabteilungen belästigen.

e) Reise-Auskünfte.

Die schnelle und häufige Wagenfolge vermeidet es, dass man sich bei etwa begangenem Irrtum mit grossem Zeitverluste abfinden muss. Der Wagenschaffner und der Stations-Vorsteher sind immer die beste Auskunftsstelle und wirkt deren persönliche Auskunft für das Publikum erzieherischer, als wenn es vor die wüsten Tabellen von Zahlen und Worten der heutigen Fahrpläne gestellt wird. Man vergesse hierbei nicht, dass nur ein ganz kleiner Prozentsatz der Menschheit das Reisen und dessen Eigenheiten zum Beruf hat und dass der grösste Prozentsatz unwissend einen Zug besteigt und überall Irrtümer und Ungenauigkeiten empfindet. Für die Zurechtfindung der Beamten und des Publikums brauchen nur sehr einfache gedruckte Heftchen ausgegeben zu werden, in welchen zugleich die kilometrischen Entfernungen der einzelnen Orte von einander und zu einander tabellarisch aufgestellt sind, wodurch es einesteils dem Schaffner leicht wird, stets die betreffende Kilometerzahl der Reise abzustempeln, und andererseits dem Fahrgaste mit leichter Mühe ermöglicht wird, die Funktionen des Schaffners bis ins Kleinste zu verfolgen.

f) Betriebsleitung und Überwachung sowie Sicherheitsvorrichtungen.

Da man nach dem geschilderten System dem heutigen Stationsvorstand und Beamten andere Thätigkeiten zuweisen muss, so erübrigt es noch, auch hierüber einige Dispositionen zu skizzieren. Die Kraftstationen zur Erzeugung des Betriebsstromes wird man zweckmässig in der Nähe von grossen Städten und an solchen Stellen anlegen, wo Bahnabzweigungen oder Kreuzungen stattfinden. Die Thätigkeit des Stationsvorstehers würde dann im wesentlichen nur darin bestehen, die elektrische Schaltung der benachbarten Strecke zu regieren. In Verbindung mit dem Central-Weichenstellapparat müssen die Schaltungen des elektrischen Stromes so durchgeführt werden, dass zugleich zur Sicherung der Weichenapparate auch die Sicherung der Stromgebung erreichbar ist. Der Stationsbeamte muss von seinem Standorte aus die gesamte Bewegung der benachbarten Züge durch einfache Schalthebel veranlassen und verhindern können; er muss den Blockstationen auf der Strecke durch einfache Zeichen die Freigabe und Schliessung der betreffenden Station kenntlich machen können, wie dies auch heute schon für die Stellung der Signale der Fall ist. Bei den wesentlich höheren in Betracht kommenden Geschwindigkeiten wird man allerdings auf optische Signale für das Fahrpersonal weniger geben können als auf optische Signale für die Blockstationswärter. Wir müssen und können also die elektrischen Schaltungen der Strecke so wählen, dass der Blockstationswärter in der Lage ist, eine Bewegung des sich seiner Blockstation nähernden Zuges zu verhindern oder zu bewirken, ebenso wie der Stationsbeamte auf einem Knotenpunkte in der Nähe der Kraftstation hierzu in der Lage ist. Wenn heutzutage die optischen Signale, bei Tage der Signalarm, des Nachts das Signallicht, versagen, ist es bekanntlich sehr schwer, einen Zug wegen annähernder Gefahr zum Halten zu bringen, und wenn auch nicht behauptet werden soll, dass die heutigen Signale noch unvollkommen wären, so wird man nicht bestreiten können, dass Warnungen durch Abstellung des Betriebsstromes von dem Standorte des Stationsvorstehers oder des Blockstationswärters ein absolut sichereres Stillsetzen des Zuges ermöglichen, als mit dem heutigen Warnungssystem. Andererseits wird bei den hohen Geschwindigkeiten die lebendige Kraft des Zuges immerhin noch genügend gross sein, um eine gefährdete Stelle auch ohne von der Kraftstation zugeleiteten Strom zu befahren; jedoch bietet der elektrische Betrieb wieder die Möglichkeit, mit den einfachsten Mitteln die lebendige Kraft in andere Energieform umzuwandeln.

Die in der Geschwindigkeit des Zuges aufgespeicherte Arbeit erhält die Räder unter Einwirkung der Adhäsionsverhältnisse zwischen Rad und Schiene in Drehung; diese Drehung der Achsen und der damit in Verbindung stehenden Motoren kann wieder dazu nutzbringend verwendet werden, einen Bremsstrom zu erzeugen, welcher in der denkbar kürzesten Zeit einmal die Räder zum Stillstand bringt und zweitens die Adhäsion zwischen den Rädern und der Schiene derartig zu vermehren ermöglicht, dass die beim Bremsen auftretenden plötzlichen Arbeitsleistungen nicht im Widerspruche mit den Reibungsverhältnissen zwischen Rad und Schiene stehen. Es ist nicht nötig, dass zur Bethätigung elektrischer Bremsen der Strom der Strecke benutzt wird. Konstruktionen sicher und schnell wirkender elektrischer Bremsen sind nach den heutigen praktischen Erführungen so offenkundig, dass deren Anwendung im Gross-Eisenbahnbetriebe nicht mehr bezweifelt werden kann. Man ersieht daraus ein befriedigendes Resultat, elektrische Bahnen möglich zu machen. Nur mit dem Willen des Stationsvorstandes kann ein Zug zum Abfahren gebracht werden. Eine Nichtbeachtung von Haltesignalen ist ein Ding der Unmöglichkeit, wenn man sich vorstellt, dass jedes rote Licht oder jeder horizontale Signalarm unseres heutigen Signalsystems gleichbedeutend mit dem Ausschalten des elektrischen Stromes und mit dem selbstthätigen Einschalten der Wagen-Bremsvorrichtungen ist und dass der schräge Signalarm und das grüne oder rote Licht gleichbedeutend mit der Freigabe der Strecke und Einschaltung des Betriebsstromes ist.

g) Schlussbemerkungen.

Für die Art des Betriebsstromes lässt sich nach den bisher gemachten praktischen Erfahrungen nur der Gleichstrom voraussetzen. Unter dieser Annahme wird man die Bahnkraftwerke in Abständen von etwa 30 km längs des Schienenweges errichten können. Auf dem Gebiete der Stromerzeugung und Fortleitung lässt sich eine Erfinderthätigkeit erwarten, die durch unser heutiges, fast abgeschlossenes Strassenbahn-System zu erlahmen anfängt. Obgleich wir heutigen Tages noch nicht über ein geeignetes Wechselstrombahnsystem verfügen, so ist ohne weiteres anzunehmen, dass wir bei Beginn der Entwickelung elektrischer Fernbahnen auch sehr bald ein System anwenden werden, mit welchem wir in der Lage sind, Kraftstationen in Entfernungen von beispielsweise 100 km zu errichten. Über die Anlage der Geleiswege muss noch kurz erwähnt werden, dass Bahnübergänge, sofern man sich nicht entschliesst, dieselben tief unter oder hoch über dem Bahnkörper zu bewirken, stets geschlossen gehalten werden müssen und dass sie nur dann und so lange geöffnet werden dürfen, als der Landverkehr es erfordert. Die Bewegung der Schlagbäume wird man natürlich ebenfalls elektromotorisch aus der Ferne bewirken.

Die Stromzuführung von dem Bahnkraftwerke bis zum Wagen wird man am zweckmässigsten so einzurichten haben, dass die Stromleitungsschiene in etwa 1 m Höhe neben dem Geleise gut isoliert geführt wird und dass nur immer eine Strecke von vielleicht 100 m vor und 100 m hinter dem Zuge vom Betriebsstrome durchflossen wird, um schädliche Stromübergänge zu verhindern. Bei Niveau-Übergängen bildet die Stromleitungsschiene gleichsam den verschliessenden Schlagbaum.

Es ist hier nicht der Platz, auf technische Einzelheiten einzugehen, da dies den Rahmen dieses Schriftchens wesentlich überschreiten würde. In dem grösseren Werke des Verfassers über Bau und Betrieb elektrischer Bahnen, dessen II. Teil sich unter der Presse befindet, sind die hier vermissten konstruktiven Anordnungen für den Techniker zu ersehen.

Mit den vorstehenden Darlegungen sollte auch der technisch unbeteiligten Welt ein Bild von den Überraschungen entrollt werden, welche sich für das kommende Jahrhundert im Schosse der Eisenbahnunternehmungen vorbereiten.

Ein sehnlichster Wunsch muss uns Alle, die wir die Eisenbahnen benützen und benützen müssen, erfüllen, und der ist, dass das 20. Jahrhundert unser für die Kulturentwickelung so wichtiges rollendes Flügelrad elektrisch gestalten, entwickeln und gross ziehen möge.

Berichtigung.

Seite 33, Zeile 5 muss es heissen: nötig statt vermieden.

Druck von Oskar Leiner in Leipzig.

Elektrotechnischer Verlag von Oskar Leiner, Leipzig,
Königsstrasse 26ᴮ.

Schiemann, Ingen. **M. Bau und Betrieb elektrischer Bahnen.** Anleitung zu deren Projektierung, Bau und Betriebsführung. **Strassenbahnen.** 62 Kap. mit über 200 Abbildungen, 1 photolithographischen Tafel u. 3 Tafeln Diagramme. Gr. 8°. 196 Seit.
Brosch. ℳ 7.50, gebd. ℳ 8.50.

> Inhalt: Die ersten elektrischen Bahnen. Die praktischen Anwendungen. Einteilung der Bahnen. Erzeugung des elektrischen Stromes. Dampfkessel Dampfmaschinen. Kuppelung der Stromerzeuger. Wind- und Wassermotoren. Gasmotoren. Beleuchtungsstation. Stromerzeuger. Schaltbrett Oberirdisches Stromzuführungssystem. Schienenleitung. Kontaktdraht. Tragwerk. Kontaktdrahtverbinder. Streckenisolatoren. Luftweichen. Luftkreuzungen. Verankerung. Kurvenverspannung. Statik des Tragwerks. Berechnung der Leitungsquerschnitte. Blitzschutzvorrichtungen. Streckensicherungen. Isolationsmaterial. Erdstrom- und Induktionsstörungen. Zerstörende Wirkungen elektrischer Ströme auf unterirdische Metallröhren. Dreileitersystem Abnutzung des Kontaktdrahtes. Sicherungen gegen Drahtbrüche. Schutzvorrichtungen für Schwachstromdrähte. Unterirdisches Stromzuführungssystem. Transportable Akkumulatoren. Stationäre Akkumulatoren. Rollendes Material. Wagen-Untergestell. Form des Wagenmotors. Übertragungsmechanismus Aufhängung des Motors. Isolation des Motors. Konstruktion des Motores. Schaltung des Wagenmotors. Schaltvorrichtungen. Wagenkontakt. Schutzkästen. Montage-Material. Wagenbeleuchtung. Berechnung der Motorwagen. Berechnung der Kraftstation. Fahrpläne. Betriebskosten. Betriebskosten-Aufstellung. Arbeits-Einheiten. Technische Betriebs-Überwachung. Technische Betriebs-Vorschriften. Wagenführer. Wagenführer-Prüfung. Baukosten-Aufstellung.

Elektrotechnikers literarisches Auskunftsbüchlein. Die Literatur der Elektrotechnik, Elektricität, Elektrochemie, des Magnetismus, der Telegraphie, Telephonie und Blitzschutzvorrichtung der Jahre 1884 bis 1897. Mit Schlagwortregister. 70 Seiten. Vierte vermehrte Auflage.
Geh. 40 Pfg.

Heinke, Dozent Dr. **C. Die Grundvorstellungen über Elektrizität** und deren technische Verwendung. In Form eines Gespräches zwischen Laie und Fachmann. gr. 8°. 61 Seiten mit 19 Abbild.
Brosch. ℳ 1.50.

> Das Werkchen hat den Zweck, dem Laien von der Elektrotechnik eine leicht fassliche Anleitung zu geben, wie er sich die einfachen elektrischen Vorgänge im wesentlichen vorzustellen hat. Diesen Zweck erfüllt das Buch ganz; denn es ist so klar und deutlich geschrieben, dass sogar derjenige, welcher nur sehr geringe Vorbildung hat, es versteht Klare Skizzen erläutern noch den Text des Buches und wünschen wir demselben den verdienten Erfolg und weite Verbreitung.
> (Häder's Zeitschrift für Maschinenbetrieb 1895, No. 15.)

Wilke, Ingen. **Arthur. Der elektrotechnische Beruf.** Eine kurzgefasste Darstellung des Bildungsganges und der Aussichten des Elektrotechnikers, des Elektrochemikers und der elektrotechnischen Gewerbetreibenden. Zweite vermehrte Auflage. gr. 8°. 128 Seiten.
Brosch. ℳ 2.25.

> Inhalt: Was ist Elektrotechnik? Was ist ein Elektrotechniker? Was hat der Elektrotechniker zu leisten? Welche Kenntnisse muss der Elektrotechniker haben? Wie wird man Elektrotechniker? Notwendige Nebenkenntnisse. Welche Aussichten hat der Elektrotechniker? Der Elektrochemiker. Der Galvanotechniker Kleininstallateur Der elektrotechnische Monteur. Der Kaufmann in der Elektrotechnik. Nachweis über die Anstalten für Ausbildung der Elektrotechniker.

Elektrische
Fernschnellbahnen

der Zukunft.

Populäre volkswirtschaftliche Eisenbahnskizze

von

Max Schiemann,

Civil-Ingenieur für elektrische Bahnen.

Mit 6 Holzschnitten und 1 lithographischen Tafel.

Leipzig,
Verlag von Oskar Leiner
1897.

Verlag von Oskar Leiner in Leipzig, Königsstr. 26 B.

Die Dynamomaschine.

Zum Selbststudium
für Mechaniker, Installateure, Maschinenmeister, Monteure u. s. w.,
sowie als Anleitung zur Selbstanfertigung von Dynamomaschinen
leicht fasslich dargestellt von

Prof. Wilh. Biscan.

4. vermehrte Aufl. 130 Seiten gr. 8⁰ mit 115 Abbildungen.
Broschiert ℳ 2.—, gebunden ℳ 2.50.

Inhalt: I. Statische und dynamische Elektrizität. II. Erregungsarten der Elektrizität. III. Das Ohm'sche Gesetz. IV. Stromerzeugungs-Maschinen. V. Konstruktionsbedingungen. VI. Beschreibung einiger Gleichstrommaschinen. VII. Wechselstrommaschinen. Schlusswort.

Taschenbuch der Elektrizität.

Ein Nachschlagebuch und Ratgeber
für
Techniker, Monteure, Industrielle und technische Lehranstalten.

Von

Dr. Martin Krieg.

Vierte vermehrte Auflage. Mit 261 Abbildungen.
Elegant gebunden ℳ 4.—

Die
Grundvorstellungen über Elektrizität
und deren technische Verwendung.

In Form eines Gespräches zwischen Laie und Fachmann.

Von

Dr. C. Heinke,

Docent für Elektrotechnik an der kgl. techn. Hochschule zu München.

61 Seiten gr. 8⁰. Mit 21 Abbildungen.
Broschiert ℳ 1.50.

Verlag von Oskar Leiner in Leipzig, Königsstr. 26 B.

Die Einrichtung elektrischer Beleuchtungsanlagen
für Gleichstrombetrieb.

Von

Dr. Carl Heim,

Professor an der königl. technischen Hochschule zu Hannover.

2. vollständig umgearbeitete Auflage. gr. 8°. 654 Seiten mit über 500 Abbildungen.

Brosch. ℳ 10.—, eleg. geb. ℳ 11.50.

Grundzüge der
ELEKTROTECHNIK.

Von

Prof. Dr. Richard Rühlmann.

Eine gemeinfassliche Darstellung der Grundlagen der Starkstrom-Elektrotechnik für Ingenieure, Architekten, Industrielle, Militärs, Techniker und Studierende an technischen Mittelschulen.

gr. 8°. 416 Seiten. Mit 226 Abbildungen.

Brosch. ℳ 12.—, gebd. ℳ 13.—.

Inhalt: I. Teil. *Die elektrotechnisch wichtigen Erscheinungen und deren Messung:* Grundbegriffe und Grundgesetze der Elektrizität. Die Wärmewirkungen des elektrischen Stromes. Chemische Wirkungen des elektrischen Stromes. Magnetische Erscheinungen. Elektromagnetische Erscheinungen. Elektrodynamische Wirkungen der Ströme. Induktions-Erscheinungen. Messung der elektrischen Arbeit und Leistung. Elektrizitätszähler. Widerstandsmessungen. Messung der Lichtstärke. Messung der Stärke von Magnetfeldern. Messung der Induktionskoëffizienten. Messung der mechanischen Leistung.

II. Teil. *Die Elektrizitätsquellen:* Galvanische Elemente. Schaltungen an dynamoelektrischen Maschinen. Theorie der Gleichstrommaschinen. Berechnung von Gleichstrommaschinen, die als Stromerzeuger dienen. Gleichstrommaschinen als Motoren. Einzelheiten des Baues von Dynamomaschinen. Gleichstrommaschinen mit offenem Anker. Akkumulatoren.